Edition Rugerup

Innokentij Annenskij

Wolkenrauch
Gedichte

Aus dem Russischen übertragen
und herausgegeben von
Martina Jakobson

Edition Rugerup

Einbandbild: Nicholas Roerich
»Schlacht am Himmel«
Öl auf Leinwand, 1912

Der Verlag dankt dem Freundeskreis zur internationalen
Förderung literarischer und wissenschaftlicher
Übersetzungen e.v. für die freundliche Unterstützung der
Übersetzung mit einem Perewest-Stipendium

Erste Auflage 2010
Alle Rechte der deutschen Ausgabe
© 2010 Nimrod Förlag AB
Önneköp 8047 / 24298 Hörby / Schweden
© der Übersetzung und des Nachworts
bei Martina Jakobson
Satz: Nimrod Förlag AB
Russisches Lektorat: Olga Gleiser
Einbandgestaltung: Johan Laserna, Torna Hällestad
Druck und Bindung: Preses Nams, Riga
Printed in Latvia
ISBN: 978-91-89034-28-0
www.rugerup.de

Wolkenrauch

ИЗ КНИГИ

Тихие песни

aus:

Stille Lieder

ЛИСТЫ

На белом небе всё тусклей
Златится горняя лампада,
И в доцветании аллей
Дрожат зигзаги листопада.

Кружатся нежные листы
И не хотят коснуться праха...
О, неужели это ты,
Всё то же наше чувство страха?

Иль над обманом бытия
Творца веленье не звучало,
И нет конца и нет начала
Тебе, тоскующее *я*?

BLATTWERK

Im Weiß des Himmels schwelt ein Licht,
glimmt nach die goldgelbe Ikone,
verglühen Blüten im kühlen Wind,
flackert Laub durch Alleen, fällt zu Boden.

Die Blättchen, treibendes Gewölk,
fürchten die welke Asche zu berühren...
Bist du es, dies vertraute Gefühl
der Angst, wirst du jetzt wiederkehren?

Oder ist dies nur Trug und Schein,
zu alltäglich für die Schöpfung?
Findest du, mein *Ich,* in der Wirklichkeit,
nichts als uferlose Schwermut?

АВГУСТ

1

ХРИЗАНТЕМА

Облака плывут так низко,
Но в тумане всё нежней
Пламя пурпурного диска
Без лучей и без теней.

Тихо траурные кони
Подвигают яркий гнет,
Что-то чуткое в короне
То померкнет, то блеснет...

...Это было поздним летом
Меж ракит и на песке,
Перед бледно-желтым цветом
В увядающем венке,

И казалось мне, что нежной
Хризантема головой
Припадает безнадежно
К яркой крышке гробовой...

И что два ее свитые
Лепестка на сходнях дрог –
Это кольца золотые
Ею сброшенных серег.

AUGUST

1

CHRYSANTHEME

Dies tiefe Schweifen der Wolken,
der Dunst hat alles verraucht,
der Purpurdiskus der Sonne,
strahlenlos, wie weggetaucht.

Und der Trauerzug der Pferde
zieht stumm die leuchtende Last,
das Funkeln im Schweif der Herde
flackert, blendet und verblaßt...

...Es geschah im Spätsommer
bei den Weiden im Sand,
die blaßgelben Farben der Sonne
verwelkten im Kranz.

Als ob die Chrysanthemen,
nunmehr untröstlich verwaist,
ihren Blütenkopf senkten
über den hellen Schrein...

Die Blättchen, hineingeflochten
ins Gezweig über dem Steg,
zwei Ringe, wie sie loderten
in ihrem Ohr, nun weggelegt.

2

ЭЛЕКТРИЧЕСКИЙ СВЕТ В АЛЛЕЕ

О, не зови меня, не мучь!
Скользя бесцельно, утомленно,
Зачем у ночи вырвал луч,
Засыпав блеском, ветку клена?

Ее пьянит зеленый чад,
И дум ей жаль разоблаченных,
И слезы осени дрожат
В ее листах раззолоченных,-

А свод так сладостно дремуч,
Так миротворно слиты звенья…
И сна, и мрака, и забвенья…
О, не зови меня, не мучь!

2

ELEKTRISCHES LICHT IN DER ALLEE

O ruf mich nicht, quäl mich nicht!
Ziellos treibst du, übermüdet,
Diebin der Nacht – elektrisches Licht,
Ahorngezweig, glanzüberflutet.

Die Nacht, strauchelnd im grünen Rauch,
fürchtet die gleißende Entblößung,
herbstliche Tropfen vibrieren auf
dem Blattwerk wie goldenes Dekor.

Himmelsgewölbe, dunstverhängtes,
still die aufgereihten Sterne, wie verwischt…
Und Traum und Dunkelheit und Vergessen…
O ruf mich nicht, quäl mich nicht!

НОЯБРЬ

(Сонет)

Как тускло пурпурное пламя,
Как мертвы желтые утра!
Как сеть ветвей в оконной раме
Всё та ж сегодня, что вчера...

Одна утеха, что местами
Налет белил и серебра
Мягчит пушистыми чертами
Работу тонкую пера...

В тумане солнце, как в неволе...
Скорей бы сани, сумрак, поле,
Следить круженье облаков, –

Да, упиваясь медным свистом,
В безбрежной зыбкости снегов
Скользить по линиям волнистым...

NOVEMBER

(Sonett)

Fahl schwelende, purpurne Flamme,
welch ödes, verblichenes Gelb!
Netzverhängte Zweige der Tannen,
jeder Tag scheint morgens verwelkt…

Tröstlich ist, daß sich auf die Weise
Rauhreif, grauweiß, hinzugesellt:
vernetzte Fäden, flauschig vereisend,
als sei ein Bildnis hergestellt…

Der Dunst legt der Sonne Fesseln an…
Abend, Feld, Schlitten angespannt,
dichtes Gestöber, Wolken wirbeln,

sich berauschen am Sirren der Kufen,
unberührt flockiges Gefilde,
der Taumel schlingernder Spuren…

ВЕТЕР

Люблю его, когда, сердит,
Он поле ржи задернет флёром
Иль нежным лётом бороздит
Волну по розовым озерам;

Когда грозит он кораблю
И паруса свивает в жгутья;
И шум зеленый я люблю,
И облаков люблю лоскутья…

Но мне милей в глуши садов
Тот ветер теплый и игривый,
Что хлещет жгучею крапивой
По шапкам розовым дедо́в.

WIND

Wie sehr liebe ich seinen Zorn:
und die Roggenfelder schäumen,
oder seinen zärtlichen Windstoß:
und das rosige Wasser kräuselt.

Wenn er droht mit seinen Böen
Segel in Stricke zu drehen,
ich liebe dies grüne Getöse,
Wolken in Fetzen zerwehend...

Mir ist der lau verspielte Wind
in der Tiefe der Gärten am liebsten,
wenn er die Nesseln zu Bündeln flicht:
rosa Köpfe sich ducken – Disteln.

ПАРАЛЛЕЛИ

1

Под грозные речи небес
Рыдают косматые волны,
А в чаще, презрения полный,
Хохочет над бурею бес.

Но утро зажжет небеса,
Волна золотится и плещет,
А в чаще холодной роса
Слезою завистливой блещет.

2

Золотя заката розы,
Клонит солнце лик усталый,
И глядятся туберозы
В позлащенные кристаллы.

Но не надо сердцу алых,–
Сердце просит роз поблеклых,
Гиацинтов небывалых,
Лилий, плачущих на стеклах.

1901

PARALLELEN

1

Ins finstere Gespräch der Wolken
mischen sich Wellenfetzen ein,
im Dickicht, es muß der Teufel sein,
lacht einer unverfroren.

Am Morgen jedoch geht der Himmel an,
die Wellen leuchten golden und spielen,
neidisch blinzelt kühler Reif im Wald
Tröpfchen auf die Wiesen.

2

Abendrotgoldene Rosen,
als das sonnige Haupt sich neigte
verstimmten die Tuberosen,
Goldkristalle verzweigten.

Das Herz will nicht dunkelrote,
es bittet um verwelkte,
um Hyazinthen, – wohlgeformte,
am Fenster – Lilienkelche.

1901

из книги

Кипарисовый ларец

aus:

Das Zypressenkästchen

ТРИЛИСТНИК ОГНЕННЫЙ

1

АМЕТИСТЫ

Когда, сжигая синеву,
Багряный день растет неистов,
Как часто сумрак я зову,
Холодный сумрак аметистов.

И чтоб не знойные лучи
Сжигали грани аметиста,
А лишь мерцание свечи
Лилось там жидко и огнисто.

И, лиловея и дробясь,
Чтоб уверяло там сиянье,
Что где-то есть не наша *связь,*
А лучезарное *слиянье...*

DREIBLATT, FEUERGLÜHEND

1

AMETHYST

Wenn der purpurne Tag, blind vor Wut,
das Blau zu verbrennen beginnt,
sehne ich mich nach der Dämmerung,
kühl wie der Amethyst.

Kein einziger Strahl versengt
den Saum des Amethysten,
sein Kern – flackerndes Kerzenlicht,
versprüht warme, feurige Funken.

Das Violett, ins Dunkel getaucht,
versichert, sein Leuchten käme
aus einem anderen Raum:
wo die Ränder *verschmelzen*...

2

СИЗЫЙ ЗАКАТ

Близился сизый закат.
Воздух был нежен и хмелен,
И отуманенный сад
Как-то особенно зелен.

И, о Незримой твердя,
В тучах таимой печали,
В воздухе, полном дождя,
Трубы так мягко звучали.

Вдруг – точно яркий призыв,
Даль чем-то резко разъялась:
Мягкие тучи пробив,
Медное солнце смеялось.

2

BLAUGRAUES ABENDROT

Fahl verglühte der Abend,
die Luft wehte frisch und weich,
der dämmrige Garten
schien tiefstes Grün zu sein.

Durch die Schwermut der Wolken,
durch den Regenvorhang,
tönte kupfern die Kunde,
daß die UNSICHTBARE naht.

Die Wolkenseide zerreißend,
dann – ein schriller Ruf:
die posaunengelbe Sonne,
die vergnügt lachen muß.

3

ЯНВАРСКАЯ СКАЗКА

Светилась колдуньина маска,
Постукивал мерно костыль...
Моя новогодняя сказка,
Последняя сказка, не ты ль?

О счастье уста не молили,
Тенями был полон покой,
И чаши открывшихся лилий
Дышали нездешней тоской.

И, взоры померкшие нежа,
С тоской говорили цветы:
«Мы те же, что были, всё те же,
Мы будем, мы вечны... а ты?«

Молчите... Иль грезить не лучше,
Когда чуть дымятся угли?..
Январское солнце не жгуче,
Так пылки его хрустали...

3

JÄNNERMÄRCHEN

Aufblitzende Maske der Zauberin,
im Rhythmus stampfte ihr Stock…
Du, meine Neujahrszauberin,
du befiehlst, wer dir gehorcht.

Die Lippen wagten nicht zu beten,
das Dunkel füllte die Stille,
da öffneten sich die Lilienkelche,
ihr Atem – maßloser Kummer.

Ihr verlöschender Blick fragte mich,
traurig, aus zarter Schwermut:
»Wir sind wie einst, wir sind ewig,
wir sind die Ewigkeit, und du?«

Schweigt!… Am Feuer träumen, ist
es nicht schön, dies Glühen…
Die Sonne im Jänner ist mild,
hitziger sind kristallene Funken…

ТРИЛИСТНИК ЛЕДЯНОЙ

1

ЛЕДЯНАЯ ТЮРЬМА

Пятно жерла стеною огибая,
Минутно лед туманный позлащен...
Мечта весны, когда-то голубая,
Твоей тюрьмой горящей я смущен.

Истомлена сверканием напрасным,
И плачешь ты, и рвешься трепеща,
Но для чудес в дыму полудня красном
У солнца нет победного луча.

Ты помнишь лик светила, но иного,
В тебя не те гляделися цветы,
И твой конец на сердце у больного,
Коль под землей не задохнешься ты.

Но не желай свидетелям безмолвным
До чар весны сберечь свой синий плен...
Ты не мечта, ты будешь только тлен
Раскованным и громозвучным волнам.

DREIBLATT DES EISES

1

EISGEFÄNGNIS

Den tiefsten Punkt der Kluft umstellen Säume,
vereinzelt versinkt das milchige Eis…
Frühling, vormals aus eisblauen Träumen,
ins brandige Gefängnis schließt du mich ein.

Glanzlos und matt, vergebliches Funkeln,
Rinnsale, erste Risse, du zerbirst.
Allein im rauchigen Mittagsrot droht dem Wunder
kein einziger mächtiger Strahl, der es zerschmilzt.

Weißt du noch, dies Licht, wie es dich durchstrahlte,
diese Helle, gleichwohl dir fremd,
glomm am Herzgrund des Kranken und versagte,
kein Licht, das erstickt unter der Erde brennt.

Erwarte nun nicht, daß der stumme Zeuge
bis zum Frühjahr dies Eisgefängnis wählt…
Wellenschlag – du bist nicht, was ich erträumte –,
Zerschinderin; bist, was dämpft und was schwelt.

2

СНЕГ

Полюбил бы я зиму,
Да обуза тяжка…
От нее даже дыму
Не уйти в облака.

Эта резанность линий,
Этот грузный полет,
Этот нищенски синий
И заплаканный лед!

Но люблю ослабелый
От заоблачных нег –
То сверкающе белый,
То сиреневый снег…

И особенно талый,
Когда, выси открыв,
Он ложится усталый
На скользящий обрыв,

Точно стада в тумане
Непорочные сны –
На томительной грани
Всесожженья весны.

2

SCHNEE

Der Winter gefiele mir durchaus,
wäre er nicht so beschwerlich...
Träge stockt selbst der Rauch
unter der Wolkenschicht.

Diese kantigen Linien,
im Flug – diese Schwerfälligkeit!
Das Blau ist ausgeblichen,
wie verwaschen ist erst das Eis!

Ich liebe den erschöpft taumelnden,
selig aus Wolken fallenden Schnee –
mal Diamant staubenden,
mal violett leuchtenden Schnee...

Und besonders den schmelzenden,
wenn er sich müde, geöffnete
Berghöhen passierend, auf glatte
Abhänge bettet,

Herden weißgeflockter Träume
im Nebel, die auf den schwindel-
erregenden Säumen
des Frühlings zu Asche verbrennen.

3

ДОЧЬ ИАИРА

Слабы травы, белы плиты,
И звонит победно медь:
«Голубые льды разбиты,
И они должны сгореть!»

Точно кружит солнце, зимний
Долгий плен свой позабыв;
Только мне в пасхальном гимне
Смерти слышится призыв.

Ведь под снегом сердце билось,
Там тянулась жизни нить:
Ту алмазную застылость
Надо было разбудить…

Для чего ж с конту́ров нежной,
Непорочной красоты
Грубо сорван саван снежный,
Жечь зачем ее цветы?

Для чего так сине пламя,
Раскаленность так бела,
И, гудя, с колоколами
Слили звон колокола?

Тот, грехи подъявший мира,
Осушавший реки слез,
Так ли дочерь Иаира
Поднял некогда Христос?

3

JAÏRUS' TOCHTER

Zart das Gras, die Schollen weiß,
Posaunen verkünden:
»Zerstückelt ist das blaue Eis,
möge es verbrennen!«

Der Sonnendiskus kreiselt
aus dem Winterverlies,
ich frage mich, ob hier nicht
der Tod kundgetan wird.

Wo unterm Schnee ein Herz schlug,
zog das Leben einen Faden:
die kristalline Erstarrung
löste sich ohne Vorahnung.

Der zarte Leib liegt nun entblößt,
die wandelbaren Konturen
der Schönen sind hüllenlos,
zertaut sind die Eisblumen.

Dies Blau der Flamme – wozu,
dazu dies weiße Glühen,
und der Glockenton – wozu
verschmolzen zum Osterläuten?

Jener, der die Welt errettet,
ließ versiegen die Tränen,
befahl Jesus Jaïrus' Tochter
sich so vom Bett zu erheben?

Не мигнул фитиль горящий,
Не зазыбил ветер ткань…
Подошел Спаситель к спящей
И сказал ей тихо: «Встань».

Kein Hauch löschte die Flamme,
kein Windstoß zerwühlte den Stoff,
der Retter ging zur Schlafenden,
sprach leise: »Steh auf!«

ТРИЛИСТНИК БУМАЖНЫЙ

1

СПУТНИЦЕ

Как чисто гаснут небеса,
Какою прихотью ажурной
Уходят дальние леса
В ту высь, что знали мы лазурной...

В твоих глазах упрека нет:
Ты туч закатных догоранье
И сизо-розовый отсвет
Встречаешь, как воспоминанье.

Но я тоски не поборю:
В пустыне выжженного неба
Я вижу мертвую зарю
Из незакатного Эреба.

Уйдем... Мне более невмочь
Застылость этих чётких линий
И этот свод картонно-синий...
Пусть будет солнце или ночь!..

DREIBLATT DES PAPIERS

1

FÜR EINE BEGLEITERIN

Wie klar der Himmel niederbrennt,
wie arabesk die Baumwipfel,
im Spiel verzücktes Ornament,
zum Azur hochglimmen...

Du siehst darin nichts Unrechtes,
das Wolkenerlöschen verfolgst du,
dies graurosa Scheinen,
gleich einer bloßen Erinnerung.

Da überkommt mich die Schwermut,
die aschene Himmelswüste ist nichts
als die getötete Abenddämmerung
des ewig aufgehenden Erebos.

Laß uns fortgehen... Die Kälte
präziser Linien ist mir unerträglich,
dazu dies blaue Kartongewölbe...
Es werde Dunkel oder Licht!...

2

НЕЖИВАЯ

На бумаге синей,
Грубо, грубо синей,
Но в тончайшей сетке,
Разметались ветки,
Ветки-паутинки.
А по веткам иней,
Самоцветный иней,
Точно сахаринки...
По бумаге синей
Разметались ветки,
Слезы были едки.
Бедная тростинка,
Милая тростинка,
И чего хлопочет?
Всё уверить хочет,
Что она живая,
Что, изнемогая –
(Полно, дорогая!) –
И она ждет мая,
Ветреных объятий
И зеленых платьев,
Засыпать под сказки
Соловьиной ласки,
И проснуться, щуря
Заспанные глазки
От огня лазури.
На бумаге синей,
Грубо, грубо синей

2
NICHT MEHR LEBENDIGES

Auf dem Papier, dem blauen,
auf dem Papier, dem rauhen,
als ob Netze treiben,
zerstiebende Zweige,
Spinnen, Fäden, Flaum.
Auf den Zweigen Rauhreif,
weiß glitzernder Rauhreif,
wie zuckriger Schaum…
Auf dem Papier, dem blauen,
zerstiebende Zweige,
bittre Tränen weinend,
armes Röhricht,
zartes Röhricht,
dazu dies Gesäusel,
dazu dies Gekräusel,
es beteuert, daß es lebe –
»Meine Kräfte versiegen.«
»Genug, meine Liebe…« –
und zum Mai aufstrebe,
böige Umarmungen,
grüne Verhüllungen,
dann wiegen es Lerchen
in den Schlaf mit Märchen,
es raschelt, es bebt,
um Wimpern, um Härchen
ins Azur auszuwerfen,
auf dem Papier, dem blauen,
auf dem Papier, dem rauhen,

Разметались ветки,
Ветки-паутинки.
Заморозил иней
У сухой тростинки
На бумаге синей
Все ее слезинки.

zerstiebende Zweige,
Fäden, Netze treiben,
ins Rauhreif getauchtes,
sprödes Röhricht,
auf dem Papier, dem blauen,
weint es Tränen, zerbricht.

3

ОФОРТ

Гул печальный и дрожащий
Не разлился – и застыл…
Над серебряною чащей
Алый дым и темный пыл.

А вдали рисунок четкий –
Леса синие верхи,
Как на меди крепкой водкой
Проведенные штрихи.

Ясен путь, да страшен жребий,
Застывая, онеметь, –
И по мертвом солнце в небе
Стонет раненая медь.

Неподвижно в кольца дыма
Черной думы врезан дым…
И она была язвима –
Только ядом долгих зим.

3

KUPFERSTICH

Das betrübt zitternde Grollen
entlud sich nicht – und verebbte...
Purpurrauch, schwarze Staubsäulen
quollen übers silberne Becken.

In der Ferne die blauen Wipfel –
einer exakten Zeichnung,
Kratzspuren im Kupfer, Striche,
hineingeritzt in die Wölbung.

Der Weg ist klar, das Ende verstört:
im Verebben zu verstummen –
Das verletzte Kupfer weint,
seufzt um die tote Sonne.

Der starre Dunst schwarzer Gedanken
wird zerteilt von rauchenden Ringen...
Allein das Gift langer Wintertage
vermochte es zu verletzen.

ТРИЛИСТНИК ОДИНОЧЕСТВА

1

ЛИШЬ ТОМУ, ЧЕЙ ПОКОЙ ТАИМ

Лишь тому, чей покой таим,
    Сладко дышится…
Полотно над окном моим
    Не колышется.

Ты придешь, коль верна мечтам,
    Только та ли ты?
Знаю: сад там, сирени там
    Солнцем залиты.

Хорошо в голубом огне,
    В свежем шелесте;
Только яркой так чужды мне
    Чары прелести…

Пчелы в улей там носят мед,
    Пьяны гроздами…
Сердце ж только во сне живет
    Между звездами…

DREIBLATT DER EINSAMKEIT

1

WER IN DER STILLE EINSAM IST

Wer in der Stille einsam ist,
    weiß frei zu atmen...
Nichts bauscht vor dem Sims,
    Stoffbahnen.

Du kommst zu mir, traumbegnadet:
    doch unverändert?
Dort: der blühende Flieder im Garten,
    lichtüberblendet.

Im kühlen Saphirblau zu brennen,
    im frischen Laub.
Wie gut ich diesen Ort kenne,
    fremd und vertraut...

Bienen tragen den Nektar ins Heim,
    berauschte Schwärme.
Das Herz lebt fern im Traum, allein
    bei den Sternen...

2

АРОМАТ ЛИЛЕИ МНЕ ТЯЖЕЛ

Аромат лилеи мне тяжел,
Потому что в нем таится тленье…
Лучше смол дыханье, синих смол,
Только пить его без разделенья…

Оттолкнув соблазны красоты,
Я влюблюсь в ее миражи в дыме…
И огней нетленные цветы
Я один увижу голубыми…

2

DER DUFT DER LILIE IST MIR ZUWIDER

Der Duft der Lilie ist mir zuwider,
ihr Kelch umhüllt unheilvolles Schwelen...
Mir ist das blaue Harz des Atems lieber,
wer ihn einsam trinkt, hat es ungleich schwerer...

Schönheit allein kann mich nicht verführen,
ich liebe ihr Trugbild, zerfallend im Nebel...
Suche vielmehr Kelche ohne dies Nachglühen,
welch ein Glück, das blaue Brennen zu sehen...

3

ДАЛЬНИЕ РУКИ

Зажим был так сладостно сужен,
Что пурпур дремоты поблек, –
Я розовых, узких жемчужин
Губами узнал холодок.

О сестры, о нежные десять,
Две ласково-дружных семьи,
Вас пологом ночи завесить
Так рады желанья мои.

Вы – гейши фонарных свечений,
Пять роз, обрученных стеблю,
Но нет у Киприды священней
Не сказанных вами *люблю*.

Как мускус мучительный мумий,
Как душный тайник тубероз,
И я только стеблем раздумий
К пугающей сказке прирос…

Мои вы, о дальние руки,
Ваш сладостно-сильный зажим
Я выносил в холоде скуки,
Я счастьем обвеял чужим.

Но знаю… дремотно хмелея,
Я брошу волшебную нить,

3

DIE FERNEN HÄNDE

Den zärtlich beengenden Druck zu spüren,
bis der dämmrige Purpur verblaßt:
meine Lippen an dieser Kühle,
rosige Perlen, ich erkenne die Hand.

O ihr Schwestern, ihr zehn zarten Finger,
ihr zwei zärtlichen Verwandten,
euch mit dem Tuch der Nacht zu verhängen,
um einzutrüben mein Verlangen.

Ihr, Geishas des Lichts, der Laternen,
fünf Rosen, vom Stengel umsäumt,
Aphrodite scheute dies heiligste Begehren,
mein ungesagtes *Ich liebe* blieb unerhört.

Wie der quälende Duft einer Mumie,
wie das Schwelen im Tuberosen-Kelch,
mit dem Stengel der Gedanken bin ich
festgewachsen an die schreckende Mär...

O ihr tanzenden Hände in der Ferne,
wie zärtlich, kräftig ist euer Druck,
ich trug euch durch die Kälte
der Schwermut, fand anderes Glück.

Ich weiß langsam ernüchternd...
den Zauberfaden zu verwerfen,

И мне будут сниться, алмея,
Слова, чтоб тебя оскорбить.

20-24 октября 1909

Orient-Tänzerin, im Traum suche ich künftig nach Worten, die dich verletzen.

20.-24. Oktober 1909

ТРИЛИСТНИК ЗАМИРАНИЯ

1

Я ЛЮБЛЮ

Я люблю замирание эхо
После бешеной тройки в лесу,
За сверканьем задорного смеха
Я истомы люблю полосу.

Зимним утром люблю надо мною
Я лиловый разлив полутьмы,
И, где солнце горело весною,
Только розовый отблеск зимы.

Я люблю на бледнеющей шири
В переливах растаявший цвет...
Я люблю всё, чему в этом мире
Ни созвучья, ни отзвука нет.

DREIBLATT DES VERHALLENS

1

ICH LIEBE

Ich liebe das Verhallen des Echos:
eine Troika, die hastig den Wald durchquert,
das Aufstieben eines irren Lachens,
das Streifen aus Mattigkeit feldwärts zieht.

Ich liebe den Winter am Morgen,
das wässrige Halbdunkel aus Violett,
die versengten Flecken des Sommers
im rosa Glanz des frostigen Lichts.

Ich liebe die verblassende Weite,
das tauende Licht, das sie überschwemmt…
Ich liebe alles auf der Welt, das weder
Gleichklang noch Widerhall kennt.

2

ЗАКАТНЫЙ ЗВОН В ПОЛЕ

В блестках туманится лес,
В тенях меняются лица,
В синюю пу́стынь небес
Звоны уходят молиться…

Звоны, возьмите меня!
Сердце так слабо и сиро,
Пыль от сверкания дня
Дразнит возможностью мира.

Что он сулит, этот зов?
Или и мы там застынем,
Как жемчуга островов
Стынут по заводям синим?..

2

ABENDGLOCKEN VERHALLEN FELDWÄRTS

Paillettenglitzernd versinkt der Wald,
Schatten schwinden auf dem Antlitz,
Glocken nehmen verhallend Abschied,
beten ins Blau der Finsternis…

Abendgeläut, so nimm mich mit!
Das Herz ist kraftlos, wie gedämpft.
Staub, der vom Tag noch flirrt,
reizt mit der Möglichkeit der Welt.

Was verspricht dieser Klang?
Droht auch uns dort Verkühlung,
gleich Perlen, auskühlend am Abhang
ferner Inseln in blauer Dünung…?

3

ОСЕНЬ

. . . .
Не било четырех... Но бледное светило
Едва лишь купола над нами золотило,

И, в выцветшей степи туманная река,
Так плавно двигались над нами облака,

И столько мягкости таило их движенье,
Забывших яд измен и муку расторженья,

Что сердцу музыки хотелось для него...
Но снег лежал в горах, и было там мертво,

И оборвали в ночь свистевшие буруны
Меж небом и землей протянутые струны...

А к утру кто-то нам, развеяв молча сны,
Напомнил шепотом, что мы осуждены.

Гряда не двигалась и точно застывала,
Ночь надвигалась ощущением провала...

HERBST

....
Es schlug noch nicht vier... Die Himmelslaterne verglomm,
die Kuppeln leuchteten im Zwielicht aus Gold,

und in der ausbleichenden Steppe der Nebel
schwamm wie ein Fluß, die Wolkengebilde

vergaßen, geschmeidig zerbauschend,
den Kummer der Entzweiung, das Gift des Mißtrauens,

das Herz sehnte sich nach Musik... Doch nach wie vor
lag Schnee auf den Bergen, schien alles wie tot,

bis tiefe Schiffshörner zerteilten diese Nacht,
Himmel und Erde, Saiten aufs äußerste gestrafft...

Jemand, der unsre Träume zerstreute, meinte,
uns zutragend, daß wir Verdammte seien.

Da erstarrte die Wolkenkette vor dem Umbruch,
die Nacht zog herauf, wir ahnten den Absturz...

ТРИЛИСТНИК СОБЛАЗНА

1

МАКИ

Веселый день горит... Среди сомлевших трав
Все маки пятнами – как жадное бессилье,
Как губы, полные соблазна и отрав,
Как алых бабочек развернутые крылья.

Веселый день горит... Но сад и пуст и глух.
Давно покончил он с соблазнами и пиром, –
И маки сохлые, как головы старух,
Осенены с небес сияющим потиром.

DREIBLATT DER VERFÜHRUNG

1

MOHN

Übermütig brennt der Tag… Matte Büschel aus Gras,
gierige Kraftlosigkeit – der Mohn, hineingetupft
gleich Lippen, gewagte Verführung im Übermaß,
ausgewickelte Flügel eines Falters in Purpur.

Übermütig brennt der Tag… Der Garten, öde und stumm,
hat die Verführungen und Feste vergessen, –
der verdorrte Mohn, welke Frauenköpfe, die nun
vom Himmel beleuchtet, schimmern wie Kelche.

2

МАКИ В ПОЛДЕНЬ
Вариант

Безуханно и цветисто
Чей-то нежный сгиб разогнут, –
Крылья алого батиста
Развернулись и не дрогнут.

Всё, что нежит – даль да близь,
Оскорбив пятном кровавым,
Жадно маки разрослись
По сомлевшим тучным травам.

Но не в радость даже день им,
Темны пятна маков в небе,
И тяжелым сном осенним
Истомлен их яркий жребий.

Сном о том, что пуст и глух
Будет сад, а в нем, как в храме,
Тяжки головы старух…
Осененные Дарами.

2

MOHN AM MITTAG
Variation

Ein Geschöpf, farbenfroh, duftlos,
entfächert eine zarte Falte, –
spannt Flügel aus Purpurstoff,
ohne dabei zu atmen.

Was in seiner Zartheit berührt,
ist beschämt mit blutigen Flecken,
in matten, wolkigen Büscheln
wildert Mohn, wird unersättlicher.

Wie ausgebrannt scheint dieser Tag,
die Mohnflecken verfinstern,
sinken in tiefen Herbstschlaf,
was grell war, ist verblichen.

Der Garten, im Traum stumm, leer,
gleicht einer Kathedrale,
welke Frauenköpfe, beschwert
mit den Gaben des Herbstes.

3

В МАРТЕ

Позабудь соловья на душистых цветах,
Только *утро* любви не забудь!
Да ожившей земли в неоживших листах
    Ярко-черную грудь!

Меж лохмотьев рубашки своей снеговой
Только раз и желала она, –
Только раз напоил ее март огневой,
    Да пьянее вина!

Только раз оторвать от разбухшей земли
Не могли мы завистливых глаз,
Только раз мы холодные руки сплели
И, дрожа, поскорее из сада ушли…
    Только раз… в этот раз…

3

IM MÄRZ

Mißachte Nachtigallen in duftigen Hecken!
Nur den *Morgen* der Liebe nicht!
Wenn unter den schlafenden Blättern die Erde
    in grell schwarzer Nacktheit erwacht!

Einmal nur wagte sie es, jetzt ermuntert,
im zerfetzten, schneeigen Kleid, –
einmal nur machte der hitzige März sie trunken,
    trunkener noch als jeder Wein!

Einmal nur wandten wir die neiderfüllten Augen
nicht von der aufgedunsenen Erde ab,
einmal verkeilten sich unsere kalten Hände,
zitternd sind wir aus dem Garten gerannt...
    Einmal nur... Einmal – für dieses Mal...

НЕБО ЗВЕЗДАМИ В ТУМАНЕ…

Небо звездами в тумане не расцветится,
Робкий вечер их сегодня не зажег…
Только томные по окнам елки светятся,
Да, кружася, заметает нас снежок.

Мех ресниц твоих снежинки закидавшие
Не дают тебе в глаза мои смотреть,
Сами слезы, только сердца не сжигавшие,
Сами звезды, но уставшие гореть…

Это их любви безумною обидою
Против воли твои звезды залиты…
И мучительно снежинкам я завидую,
Потому что ими плачешь ты…

DIE STERNE AM HIMMEL, NEBELGETÜNCHT...

Die Sterne am Himmel, nebelgetüncht, scheinen nicht.
Der scheue Abend wagte es nicht, sie anzuzünden...
Die Tannen aber funkeln bebend vor den Fenstern,
bald wird die Landschaft im Schneegestöber versinken.

Im Pelz deiner Wimpern wimmeln Schneekristalle,
dein Blick zögert, dem meinen zu begegnen.
Tränen allein entfachen nichts im anderen,
Sterne ermüden an ihrem einsamen Glimmen...

Deine Liebessterne, unsagbar enttäuscht,
überflutet ungewollt, schmelzendes Funkeln...
Wie sehr beneide ich den kristallinen Tau,
weil er dich überschwemmen durfte...

ДВА ПАРУСА ЛОДКИ ОДНОЙ

Нависнет ли пламенный зной
Иль, пенясь, расходятся волны,
Два паруса лодки одной,
Одним и дыханьем мы полны.

Нам буря желанья слила,
Мы свиты безумными снами,
Но молча судьба между нами
Черту навсегда провела.

И в ночи беззвездного юга,
Когда так привольно-темно,
Сгорая, коснуться друг друга
Одним парусам не дано…

1904

ZWEI SEGEL EINES SCHIFFES

Die Sonnenglut verhängen
oder zerteilen den Wellenschaum:
zwei Segel eines Schiffes,
uns füllt der gleiche Atem aus.

Verschmolzen im Sturm der Wünsche,
verwirbelt im Wahn
der irrsinnigsten Träume,
zog den Trennstrich das Schicksal.

In sternloser Nacht des Südens,
in der freien Finsternis,
uns verbrennend, berühren –
wie es den Segeln verwehrt ist...

1904

СТАНСЫ НОЧИ
О. П. Хмара-Барщевской

Меж теней погасли солнца пятна
На песке в загрезившем саду.
Всё в тебе так сладко-непонятно,
Но твое запомнил я: «Приду».

Черный дым, но ты воздушней дыма,
Ты нежней пушинок у листа,
Я не знаю, кем, но ты любима,
Я не знаю, чья ты, но мечта.

За тобой в пустынные покои
Не сойдут алмазные огни,
Для тебя душистые левкои
Здесь ковром раскинулись одни…

Эту ночь я помню в давней грезе,
Но не я томился и желал:
Сквозь фонарь, забытый на березе,
Талый воск и плакал и пылал.

NÄCHTLICHE STANZEN
für O. P. Chmara-Barschtschewskaja

Beim Schattenspiel im verträumten Garten
erloschen Sonnentupfer im Sand.
Alles an dir verwirrte, du sagtest:
»Warte hier...«, wie oft denk ich daran.

Schwarzer Rauch – du aber bist schwereloser
als Rauch, samtener als Blätterflaum.
Ich weiß nicht wer, er hat dir Liebe geschworen,
wem du auch gehörst, du bist aus Traum.

Gehst du in die Stille, groß wie die Wüste,
leuchten Karfunkel in der Dunkelheit,
Levkojen knüpfen Pfade aus Blüten,
hüllen die nächtlichen Wiesen ein...

Diese Nacht kam aus der Tiefe der Träume,
ich aber sehnte mich nicht:
In einer Birke, vergessen in den Bäumen,
flackerte und schmolz ein Windlicht.

ТОСКА МЕДЛЕННЫХ КАПЕЛЬ

О, капли в ночной тишине,
Дремотного духа трещотка,
Дрожа набухают оне
И падают мерно и четко.

В недвижно-бессонной ночи
Их лязга не ждать не могу я:
Фитиль одинокой свечи
Мигает и пышет тоскуя.

И мнится, я должен, таясь,
На странном присутствовать браке,
Поняв безнадежную связь
Двух тающих жизней во мраке.

SCHWERMUT DER LANGSAMEN TROPFEN

O Tropfen in lautloser Nacht,
prasselnder Regen im Halbschlaf,
ihr zittert, gerinnt und zerplatzt
im einfältigen Gleichmaß.

Nachts, wie erstarrt, schlaflos
ausgeliefert der Regenrassel:
einsam flackert und zuckt der Docht
der nächtlichen Kerze.

Als sei ich der stumme Zeuge
einer seltsamen Ehe:
Im Dunkel verschmelzen
zwei fremde Leben.

ТРИНАДЦАТЬ СТРОК

Я хотел бы любить облака
На заре... Но мне горек их дым:
Так неволя тогда мне тяжка,
Так я помню, что был молодым.

Я любить бы их вечер хотел,
Когда, рдея, там гаснут лучи,
Но от жертвы их розовых тел
Только пепел мне снится в ночи.

Я люблю только ночь и цветы
В хрустале, где дробятся огни,
Потому что утехой мечты
В хрустале умирают они...
Потому что – цветы это ты.

DREIZEHN ZEILEN

Könnt ich doch das Gewölk des Frührots
lieben… Bitter schmeckt der Wolkendunst:
gefangen zu sein, ich spüre noch
die Bedrückung, ich war damals jung.

Wie sehr liebte ich den Untergang
der Wolkengebilde im Abendlicht,
sah im Traum nur den aschenen Brand,
wie ihr rosiger Leib zögernd erlischt.

Meine wahre Liebe gilt der Nacht,
Blumen in kristallenen Vasen,
und weil es beruhigend ist, daß
sie darin ihren Tod erfahren…
Dieser Blumenstrauß bist du, mein Schatz.

ВЕСЕННИЙ РОМАНС

Еще не царствует река,
Но синий лед она уж топит;
Еще не тают облака,
Но снежный кубок солнцем допит.

Через притворенную дверь
Ты сердце шелестом тревожишь…
Еще не любишь ты, но верь:
Не полюбить уже не можешь…

FRÜHJAHRSROMANZE

Noch beherrscht das Eis den Fluß,
der aber treibt eisblaue Ertränkte vor sich her.
Noch hängen Wolken den Himmel zu,
der Schneekelch jedoch ist geleert.

Du hörst hinter der angelehnten Tür
dies Knistern: jetzt kehrt keine Ruhe mehr ein...
Noch liebst du nicht – vertrau mir:
draußen driftet bald das Eis...

СРЕДИ МИРОВ

Среди миров, в мерцании светил
Одной Звезды я повторяю имя...
Не потому, чтоб я Ее любил,
А потому, что я томлюсь с другими.

И если мне сомненье тяжело,
Я у Нее одной ищу ответа,
Не потому, что от Нее светло,
А потому, что с Ней не надо света.

3 апреля 1909,
Царское Село

ZWISCHEN DEN WELTEN

Zwischen den Welten, im Lichterfunkeln,
wiederhole ich den Namen IHRES Sterns...
Nicht, um SIE zu lieben – SIE ist mir fern,
Doch ohne SIE drifte ich durchs Dunkel.

Und drohe ich zitternd zu verglühen,
dann zündet SIE eine leuchtende Spur,
nicht, um mir einen Weg zu zeigen – nur:
Weil ich neben IHR zu Phosphor würde.

3. April 1909,
Zarskoje Selo

МИРАЖИ

То полудня пламень синий,
То рассвета пламень алый,
Я ль устал от четких линий,
Солнце ль самое устало –

Но чрез полог темнолистый
Я дождусь другого солнца
Цвета мальвы золотистой
Или розы и червонца.

Будет взорам так приятно
Утопать в сетях зеленых,
А потом на темных кленах
Зажигать цветные пятна.

Пусть миражного круженья
Через миг погаснут светы…
Пусть я – радость отраженья,
Но не то ль и вы, поэты?

IMAGINÄRES

Ist der Mittagshimmel blau entflammt,
oder glüht flammend rot der Morgen?
Hat mich die Exaktheit der Linien erschöpft,
oder glüht erschöpft die Sonne?

Durch den schattigen Vorhang der Blätter
warte ich, bis eine andere Sonne aufgeht:
eine goldschimmernde Malvenblüte,
Rose oder auch blinkendes Münzstück.

Welch eine Wohltat muß es sein,
im grünen Netzwerk zu ertrinken,
um später im dämmrigen Ahorn
bunte Flecken anzuzünden.

Mögen im trügerischen Wirbel
bald darauf die Lichter erlöschen...
Ich erfreue mich am Imaginären,
wie Dichter es gern schöpfen.

ГАРМОНИЯ

В тумане волн и брызги серебра,
И стертые эмалевые краски…
Я так люблю осенние утра
За нежную невозвратимость ласки!

И пену я люблю на берегу,
Когда она белеет беспокойно…
Я жадно здесь, покуда небо знойно,
Остаток дней туманных берегу.

А где-то там мятутся средь огня
Такие ж *я*, без счета и названья,
И чье-то молодое за меня
Кончается в тоске существованье.

HARMONIE

Tropfennebel quillt, Wasser stiebt silbrig,
und die farbige Glasur verwischt...
Wie sehr ich den Herbst am morgen liebe,
diese Zärtlichkeit, die unumkehrbar ist!

Liebe die Brandung am Ufer, das Unstete
weißgeschäumter Wogen... Doch selbst wenn
der Himmel glutrot brennt, schätze ich es,
mich an die Dämmerung zu erinnern.

Irgendwo sprühen im Kern eines Feuers
Wesen gleich *mir,* namenlos Ungezählte,
beendet statt meiner ein jüngeres,
anderes Sein die Schwermut der Existenz.

ВТОРОЙ МУЧИТЕЛЬНЫЙ СОНЕТ

Вихри мутного ненастья
Тайну белую хранят...
Колокольчики запястья
То умолкнут, то звенят.

Ужас краденого счастья –
Губ холодных мед и яд
Жадно пью я, весь объят
Лихорадкой сладострастья.

Этот сон, седая мгла,
Ты одна создать могла,
Снега скрип, мельканье тени.

На стекле узор курений,
И созвучье из тепла
Губ, и меха, и сиреней.

ZWEITES QUÄLENDES SONETT

Strudel gewittriger Unbilden
verwirbeln Geheimnisse in Weiß...
Silbernes Glöckchen, Geklingel
verstummt am Handgelenk, schweigt.

Der Schrecken – entwendet scheint
das Glück: auf dem Mund zergingen
Messing, Gift, ich kam ins Schlingern,
Fieber, Zittern, ich war wie Eis.

Dies Wahnbild, dies rauchige Netz
hast allein du in Szene gesetzt,
knirschender Schnee, flüchtige Schemen.

Kalter Rauch, Eisblumen-Diademe,
der Wohlklang der Worte, dein Pelz,
dein Mund, Flieder säumt die Wege.

ПРЕРЫВИСТЫЕ СТРОКИ

Этого быть не может,
        Это – подлог,
День так тянулся и дожит,
        Иль, не дожив, изнемог?..
        Этого быть не может...
С самых тех пор
В горле какой-то комок...
        Вздор...
Этого быть не может...
        Это – подлог...
Ну-с, проводил на поезд,
        Вернулся, и solo, да!
Здесь был ее кольчатый пояс,
        Брошка лежала – звезда,
Вечно открытая сумочка
        Без замка,
И, так бесконечно мягка,
В прошивках красная думочка...
. . . .
        Зал...
Я нежное что-то сказал
        Стали прощаться,
Возле часов у стенки...
        Губы не смели разжаться,
        Склеены...
Оба мы были рассеянны,
Оба такие холодные
        Мы...
Пальцы ее в черной митенке
        Тоже холодные...

REDEFETZEN

Das kann nicht sein, unmöglich,
　　das ist Betrug,
　　es zog sich hin, wie jämmerlich,
　　　als dieser Tag begann, war es nur Lug…?
　　Das kann nicht sein, unmöglich,
seit dieser Zeit,
im Hals ein Kloß und nichts als Lug…
　　　Abgeschmacktheit…
Das kann nicht sein, unmöglich,
　　das ist Betrug…
nun gut, hab sie zum Zug gebracht,
　　kam heim – ja, solo! Was noch?!
Dort lag ihr sich ringelnder Gürtel, welche Pracht –
　　die Sternenbrosche und doch…
diese ewig offene Tasche,
　　ohne Schloß,
wie erstaunlich weich sie war, ich weiß noch…
diese tausend kleinen Sachen…
　　. . . . .
　　Im Wartesaal, ich beschwichtigte,
sagte etwas Zärtlich-Wichtiges,
　　　wir wollten Abschied nehmen
vor der Uhr, vor dieser Wand,
　　unsere Worte, kaum zu vernehmen,
　　　Lippen wie zugeklebt, wie gebannt…
wir waren beide verwirrt und dann,
beide unbeirrt unterkühlt…
　　　Wir… deine Hand…
in fingerlosen Handschuhen,
　　auch ausgekühlt…

«Ну, прощай до зимы,
Только не той, и не другой,
И не еще – после другой…
   Я ж, дорогой,
   Ведь не свободная…»
– «Знаю, что ты – в застенке…»
   После она
Плакала тихо у стенки
И стала бумажно-бледна…
Кончить бы злую игру…
   Что ж бы еще?
Губы хотели любить горячо,
   А на ветру
Лишь улыбались тоскливо…
Что-то в них было застыло,
   Даже мертво…
Господи, я и не знал, до чего
   Она некрасива…
Ну, слава Богу, пускают садиться…
Мокрым платком осушая лицо,
Мне отдала она это кольцо…
Слиплись еще раз холодные лица,
   Как в забытьи, –
    И
  Поезд еще стоял –
    Я убежал
Но этого быть не может,
    Это – подлог…
День или год, и уж дожит,
Иль, не дожив, изнемог…
Этого быть не может…

Июнь 1909, Царское Село

»Ja, dann, bis irgendwann,
bis zum nächsten Winter, aber nicht diesen,
wohl eher den übernächsten, wär mir lieber...
 Du weißt ja, mein Lieber,
 ich bin nun mal gebunden...«
»Ich weiß, du stehst mit dem Rücken zur Wand...«,
 sag' ich ihr unumwunden.
 Sie wimmerte leis vor der Wand,
wurde kreidebleich in dieser Sekunde...
Wann ist dies Spiel wohl zu Ende...
 Wozu noch die Mühe?
Die Lippen wollten sich dennoch berühren,
 hier im Durchzug, lassen wir's bewenden,
lächelten traurig... ganz in der Gegenwart,
etwas in ihnen war wie erstarrt,
 wie tot, sie konnten sich kaum rühren...
wie häßlich sie doch ist...,
 es wird Zeit.
Endlich, wir sitzen, was für ein Abteil...
Trocknet die Tränen, macht auf apart,
gibt mir den Ring, einst war sie in ihn vernarrt...
Ein letztes Mal hatten ihre Gesichter sich verkeilt,
 alles schien wie vergessen,
 doch ich, jetzt pflichtvergessen,
 der Zug stand noch,
 rannte wie von Sinnen los...
Das kann nicht sein, unmöglich,
 das ist Betrug...
dieser Tag, vorbei ein Jahr, wie jämmerlich,
dieser Tag, irgendwann, genug...
Das kann nicht sein, unmöglich...

Juni 1909, Zarskoje Selo

Стихотворения, не вошедшие в авторские сборники

Zu Lebzeiten unveröffentlichte Gedichte

КОЛОКОЛЬЧИКИ

Глухая дорога.
Колокольчик в зимнюю ночь
рассказывает путнику свадебную историю.

Динь-динь-динь,
Дини-дини…
Дидо Ладо, Дидо Ладо,
Лиду диду ладили,
Дида Лиде ладили,
Ладили, не сладили,
Диду надосадили.
День делали,
Да день не делали,
Дела не доделали,
Головы-то целы ли?
Ляду дида надо ли –
Диду баню задали.
Динь-динь-динь, дини-динь…
Колокóлы-балабóлы,
Колоколы-балаболы,
Накололи, намололи,
Дале боле, дале боле…
Накололи, намололи,
Колоколы-балаболы.
Лопотуньи налетали,
Болмоталы навязали,
Лопотали – хлопотали,
Лопотали, болмотали,
Лопоталы поломали.

GLÖCKCHEN KLINGEN

Ein abgelegener Weg.
Glöckchen erzählen in einer Winternacht
einem Mitreisenden diese Hochzeitsgeschichte.

Ding-Dang-Dong,
Ding-Dang...
Dido Lado, Dido Lado,
Lida fürs Ding-Dang-Dong herrichten,
Dido für Lida herrichten,
sichteten, richteten,
was mit Dido angerichtet.
An dem Tage hergerichtet,
ja, den Tag ausgerichtet,
doch mitnichten – unverrichtet,
etwa Köpfe mitvernichtet?
Lidas Dido fast verzichtet,
Dido, ach, zugerichtet.
Ding-Dang-Dong, Kling-Klang-Klong...
Glocken rasseln, rasseln,
Glocken prasseln, prasseln,
dies Gerassel, dies Gequassel,
ja, vermasselt, wie vermasselt...
Glocken rasseln, rasseln,
Glocken prasseln, prasseln,
quasseln ausgelassen,
nicht zu fassen, fassen,
und erblassen, was für ein Schlamassel,
und sie quasseln:
sind verlassen.

Динь!

Ты бы, дид, не зеньками,
Ты бы, диду, деньгами…
Деньгами, деньгами…
Долго ли, не долго ли,
Лиде шубу завели…
Холили – не холили,
Волили – неволили,
Мало ль пили, боле лили,
Дида Ладу золотили.
Дяди ли, не дяди ли,
Ладили – наладили…
Ой, пила, пила, пила,
Диду пива не дала:
Диду Лиду надобе,
Ляду дида надобе.
Ой, динь, динь, динь – дини, динь, дини, динь,
    Деньги дида милые,
      А усы-то сивые…
        Динь!
        День.
Дан вам день…
Долго ли вы там?
Мало было вам?
            Вам?
            Дам
По губам.
По головам
            Дам.

>   Ding!

Dummer Dido, du – nicht beäugen,
Dummer Dido, du – läuten, läuten...
Münzen läuten, Tiri-li
läuten, läuten, Tiri-la,
Lida einen Pelz beäugen, ja...
Hätscheln, tätscheln, passen, passen,
ob sie passen, passen,
machen, machen – machte sich,
als sie Lidas Dido Gold vermachten.
Passen – li, passen – la,
passen, passen, sagen ja...
Lida ausgelassen, Lida, ach – die kann prassen,
läßt nur Dido nichts verprassen:
wie die beiden, ach, sich gleichen, passen, passen,
wie sie passen, nicht zu fassen.
Dido Ding, Dido Dong, Kling-Klang-Klong,
> Münzen stimmen milder,
>> Didos Brauen sind aus Silber...
>>> Ding!
>>> Kam der Tag, Klingeling.
Geb euch einen Tag und Kling...
Euch zu lang? Viel zu lang?
Schafft ihrs endlich ran?
> Für euch kleiner Fang?
> Komm in Gang,
geb euch was auf die Wang.
Auf die Köpfe, Donnerklang,
> Dumpfer Abgesang.

Буби-буби-бубенцы-ли,
Мы ли ныли, вы ли ныли,
Бубенцы ли, бубенцы ли…
    День, дома бы день,
    День один…
Колоколы-балаболы,
Мало лили, боле пили,
Балаболы потупили…
Бубенцы-бубенчики,
Малые младенчики,
Болмотали вынимали,
Лопоталы выдавали,
Лопотали, лопотали…
    Динь…
Колоколы-балаболы…
Колоколы-балаболы…

30 марта 1906
Вологодский поезд

Glöckchen-Schell, Glöckchen-Schall,
schellen viel, schellen lang,
Schellen-Kling, Schellen-Klang...
    Einen Tag, nur Gemach,
      einen Tag, Klingeling und lang...
Glocken rasseln, rasseln,
prassen, prassen ausgelassen,
dies Gequassel niedermachen...
Glocken rasseln, rasseln,
Glöckchen lachen, lachen,
Kleidchen uns vermachen,
kleine Klapper – li,
und Geplapper – la...
    Klingelang, Klingelong...
Glocken rasseln, rasseln...
Glocken prasseln, prasseln...

*30. März 1906
im Zug nach Wologda*

* * *

Я думал, что сердце из камня,
Что пусто оно и мертво:
Пусть в сердце огонь языками
Походит – ему ничего.

И точно: мне было не больно,
А больно, так разве чуть-чуть.
И все-таки лучше довольно,
Задуй, пока можно задуть…

На сердце темно, как в могиле,
Я знал, что пожар я уйму…
Ну вот… и огонь потушили,
А я умираю в дыму.

* * *

Ich dachte, das Herz sei versteinert,
schon lang sei es leer und tot:
versengen es flammende Zungen,
empfindet es nichts, ist schmerzlos.

Gewiß doch, da ist nichts zu spüren,
ein wenig nur, nahezu nichts.
Du solltest noch etwas pusten,
bevor es womöglich zu spät ist…

Das Herz, grabesdunkle Kammern,
ich hatte darauf vertraut,
auch dies Feuer würde eingedämmt:
doch jetzt ersticke ich im Rauch.

АМЕТИСТЫ

Глаза забыли синеву,
Им солнца пыль не золотиста,
Но весь одним я сном живу,
Что между граней аметиста.

Затем, что там пьяней весны
И беспокойней, чем идея,
Огни лиловые должны
Переливаться, холодея.

И сердцу, где лишь стыд да страх,
Нет грезы ласково-обманней,
Чем стать кристаллом при свечах
В лиловом холоде мерцаний.

AMETHYST

Den Augen entgleitet das Blau,
das Gold der Sonnenstäubchen,
immerzu seh ich diesen Traum
im Facettenschliff des Amethysten:

Daß der Frühling Berauschung
und Beunruhigung ist,
dies Feuer im Violett der Kühlung,
wie es züngelnd erlischt.

Das Herz liebt aus Scham und aus Angst
nichts mehr als zärtliche Lügen:
sind die Flammen niedergebrannt,
funkelt der Kristall in violetter Kühle.

* * *

Только мыслей и слов
Постигая красу, –
Жить в сосновом лесу
Между красных стволов.

Быть как он, быть как все:
И любить, и сгорать...
Жить, но в чуткой красе,
Где листам умирать.

* * *

Allein mit Gedanken, Worten verstehen,
was Schönheit ist –
im Föhrenwald leben,
wo die Stämme feuerrot sind.

Sein wie er, wie alle sein:
lieben, bis alles in Flammen steht...
Leben inmitten graziler Schönheit,
mit den Nadeln im Feuer sterben.

ОСЕННЯЯ ЭМАЛЬ

Сад туманен. Сад мой донят
Белым холодом низин.
Равнодушно он уронит
Свой венец из георгин.

Сад погиб...
        А что мне в этом.
Если в полдень глянешь ты,
Хоть эмалевым приветом
Сквозь последние листы?..

HERBSTLICHE GLASUR

Der Garten ist dämmrig. Fahle Kälte
aus der Tiefe hat ihn entweiht.
Abgestumpft wirft er
bald Dahlienkränze ins Weiß.

Der Garten ist tot...
        Was kümmert es mich.
Ich sehe gegen Mittag nur
seine letzten Grüße, dann schmilzt
wohl die frostige Emailglasur...

СВЕРКАНИЕ

Если любишь – гори!
Забываешь – забудь!
Заметает снегами мой путь.
Буду день до зари
Меж волнистых полян
От сверканий сегодня я пьян.

Сколько есть их по льдам
Там стеклинок – я дам,
Каждой дам я себя опьянить...
Лишь не смолкла бы медь,
Только ей онеметь,
Только меди нельзя не звонить.

Потому что порыв
Там рождает призыв,
Потому что порыв – это ты...
Потому что один
Этих мертвых долин
Я боюсь белоснежной мечты.

GLITZERN

Liebst du, brenne!
Vergißt du, vergiß!
Wenn alles verweht ist,
 lauf ich im frühroten Verbrennen
 durch die Dünung der Landschaft,
wo das Glitzern trunken macht.

Unzählige Splitter
 auf eisigen Ebenen glitzern –
ich bin im vielfachen Rausch...
 Nur Kupfer weiß zu hallen.
 Nur Kupfer verharrt berauscht.
 Nur Kupfer soll erschallen.

Weil jeder Windstoß erneut
 einen Klang erzeugt,
dieser Windstoß – bist du in den Räumen...
 Ich fürchte in öden Gegenden
 die Begegnung
 mit weißgeflockten Träumen.

ПОСЛЕДНИЕ СИРЕНИ

Заглох и замер сад. На сердце всё мутней
От живости обид и горечи ошибок…
А ты что сберегла от голубых огней,
И золотистых кос, и розовых улыбок?

Под своды душные за тенью входит тень,
И неизбежней всё толпа их нарастает…
Чу… ветер прошумел – и белая сирень
Над головой твоей, качаясь, облетает.

. . . .

Пусть завтра не сойду я с тинистого дна,
Дождя осеннего тоскливей и туманней,
Сегодня грудь моя желания полна,
Как туча, полная и грома и сверканий.

Но малодушием не заслоняй порыв,
И в этот странный час сольешься ты с поэтом;
Глубины жаркие словам его открыв,
Ты миру явишь их пророческим рассветом.

SPÄTER FLIEDER

Der Garten hält inne, verstummt – das Herz verfinstert:
Kränkungen und Kummer sind unvergessen...
Und du, sind in dir noch die blauen Lichter angezündet?
Das gold-geflochtene Haar, das Lächeln?

Schatten auf Schatten drängen durch den stickigen Bogen,
gleichsam eine hastig wimmelnde Herde...
Da... streift dich der Wind und die weißen Fliederdolden,
schwankend über deinem Haupt, streuen Blütensterne.

. . . .

Steig ich auch morgen nicht auf vom Grund zum Licht,
aus der Schwermut des Regens, aus dampfenden Strudeln,
am Himmel treibt heute mein Herz sehnsüchtig,
schwer wie eine Wolke aus Donner und Funken.

Verhülle nicht den Riß, sei nicht kleinmütig,
und du verschmilzt in diesem Moment mit der Dichtung,
die Tiefen für die Worte aus Feuer aufschürfend,
empfängt die Welt prophetischen Dämmer.

КЭК-УОК НА ЦИМБАЛАХ

Молоточков лапки цепки,
Да гвоздочков шапки крепки,
    Что не раз их,
    Пустоплясых,
    Там позастревало.

Молоточки топотали,
Мимо точки попадали,
    Что ни мах,
    На струнах
    Как и не бывало.

Пали звоны топотом, топотом,
Стали звоны ропотом, ропотом,
    То сзываясь,
    То срываясь,
    То дробя кристалл.

В струнах, полных холода, холода,
Пели волны молодо, молодо,
    И буруном
    Гул по струнам
    Следом пролетал.

С звуками кэк-уока,
Ожидая мокка,
Во мгновенье ока
Что мы не съедим...
И Махмет-Мамаям,
Ни зимой, ни маем

KEK-UOK AUF DER ZITHER

Klöppel krallen, zupfen zäher,
Stöckchen hallen, rupfen näher,
    hängen einmal,
    hängen zweimal
    in den Saiten fest.

Klöppel tappeln, hämmern enger,
falsche Töne, dämmern länger,
    Tupfer, Schlag,
    dieser Tag
    ist unser Fest.

Kling Klang, tappeln, tappeln,
Kling Klang, tippeln, zappeln,
    schwärmen auf,
    lärmen laut,
    klirrendes Kristall.

Saiten klimpern, hallen, hallen,
Wellen krachen, schallen, prallen,
    uferlos,
    grenzenlos,
    donnern in das All.

Kek-uok auf der Zither,
im Lokal Klanggewitter,
einen Mokka, einen Bitter,
Kellner hier, Kellner dort,
jederzeit an jedem Ort,
ohne ihn kämen wir nicht fort,

Нами не внимаем,
    Он необходим.

Молоточков цепки лапки,
Да гвоздочков крепки шапки,
    Что не раз их,
    Пустоплясых,
    Там позастревало.

Молоточки налетают,
Мало в точки попадают,
    Мах да мах,
    Жизни… ах,
    Как и не бывало.

Осень 1904

endlich sind wir satt,
    er ist unser Schatz.

Klöppel krallen, zupfen zäher,
Stöckchen hallen, rupfen näher,
    hängen einmal,
    hängen zweimal
    in den Saiten fest.

Klöppel tupfen, schiefe Klänge,
tappeln auf der Stelle, klemmen,
    Schlag auf Schlag,
    Leben, ach… frisch gewagt,
    das war unser Fest.

Herbst 1904

* * *

(Музыка отдаленной шарманки)
Посвящено Е.М. Мухиной

Падает снег,
Мутный и белый и долгий,
Падает снег,
Заметая дороги,
Засыпая могилы,
Падает снег...
Белые влажные звезды!
Я так люблю вас,
Тихие гостьи оврагов!
Холод и нега забвенья
Сердцу так сладки...
О, белые звезды... Зачем же,
Ветер, зачем ты свеваешь,
Жгучий мучительный ветер,
С думы и черной и тяжкой,
Точно могильная насыпь,
Белые блестки мечты?..
В поле зачем их уносишь?
Если б заснуть,
Но не навеки,
Если б заснуть
Так, чтобы после проснуться,
Только под небом лазурным...
Новым, счастливым, любимым...

26 ноября 1900

* * *

(Musik einer fernen Drehorgel)
Für E. M. Muchina

Schnee fällt
trübe und weiß und lange,
Schnee fällt,
verweht alle Wege,
bedeckt alle Gräber,
Schnee fällt...
Weiße, feuchtkalte Kristalle!
Wie sehr ich euch liebe,
ihr stillen Gäste der Schluchten!
Kälte und seeliges Vergessen
erfüllen das Herz mit Süße...
O weiße Sterne... Woher nur,
Wind, findest du Gefallen zu wehen?
Brennende, quälende Windböen
wie aus Gedanken, schwarz und schwer,
Aschewirbel auf Gräber,
weiße Pailletten aus Traum...?
Trägst sie hinaus auf die Felder?
Käm doch der Schlaf,
doch nicht für immer,
käm doch der Schlaf,
um aufzuwachen im Nichts,
nichts als azurblauer Himmel...
Ein neuer, froher, geliebter...

26. November 1900

ЕЩЕ ЛИЛИИ

Когда под черными крылами
Склонюсь усталой головой
И молча смерть погасит пламя
В моей лампаде золотой...

Коль, улыбаясь жизни новой,
И из земного жития
Душа, порвавшая оковы,
Уносит атом бытия, –

Я не возьму воспоминаний,
Утех любви пережитых,
Ни глаз жены, ни сказок няни,
Ни снов поэзии златых,

Цветов мечты моей мятежной
Забыв минутную красу,
Одной лилеи белоснежной
Я в лучший мир перенесу
И аромат и абрис нежный.

LILIEN, NOCH EINMAL

Lege ich unter schwarze Flügel
die müde, schwere Stirn,
wird eine Flamme züngeln,
der Tod löscht das goldene Licht…

Füge mich lächelnd ins Neue,
gelöst vom Irdischen – die Seele,
Sonnenstäubchen des Seins,
fortgetragen in ein andres Leben:

Ohne Erinnerung an die Liebe,
an die Augen meiner Frau,
die Kindheit oder Poesie,
den zu erfüllenden Traum.

Farblandschaft meiner Sehnsucht,
ihre Schönheit wird verblassen,
schneeweißer Lilienkelch,
duftende, zarte Schatten
trage ich aus der Welt ans Ende.

ЧЕРНОЕ МОРЕ

Простимся, море… В путь пора.
И ты не то уж: всё короче
Твои жемчужные утра,
Длинней тоскующие ночи,

Всё дольше тает твой туман,
Где всё белей и выше гребни,
Но далей красочный обман
Не будет, он уж был волшебней.

И тщетно вихри по тебе
Роятся с яростью звериной,
Всё безучастней к их борьбе
Твои тяжелые глубины.

Тоска ли там или любовь,
Но бурям чуждые безмолвны,
И к нам из емких берегов
Уйти твои не властны волны.

Суровым отблеском ножа
Сверкнешь ли, пеной обдавая, –
Нет! Ты не символ мятежа,
Ты – Смерти чаша пировая.

1904

SCHWARZES MEER

Meer, es ist wohl an der Zeit,
ich nehm Abschied, du bist verändert:
dein Morgenrot, verkürztes Perlmutt,
selbst die Nächte werden länger.

Dein blauer Nebel zertaut,
weißer, höher rollen die Kämme,
unerfüllter, schöner Trug,
vergänglicher Zauber der Wellen.

Vergebens wühlen in dir
gleich Tieren die Stürme,
du ergibst dich dieser Tortur
bis in die schweren Tiefen.

Ruh'n dort Liebe oder Schwermut?
Den Tiefen ist's fremd, sie schweigen.
Qualvoll scheint mir deine Sehnsucht,
die Klippen zu überschäumen.

Das Messer gezückt, verroht,
fuchtelst du mit der Gischt der Wogen.
Nein! Kein Symbol der Rebellion:
Du bist das Gefäß des TODES.

1904

ТОСКА СИНЕВЫ

Что ни день, теплей и краше
Осенён простор эфирный
Осушенной солнцем чашей:
То лазурной, то сапфирной.

Синью нежною, как пламя,
Горды солнцевы палаты,
И ревниво клочья ваты
Льнут к сафирам облаками.

Но возьми их, солнце, – душных,
Роскошь ка́мней всё банальней, –
Я хочу высот воздушных,
Но прохладней и кристальней.

Или лучше тучи сизой,
Чутко-зыбкой, точно волны,
Сумнолицей, темноризой,
Слёз, как сердце, тяжко полной.

SCHWERMUT DER BLÄUE

Ungleich wärmer und schöner
als der Herbsttag ist die Bläue,
aufgeheizt von der Sonne:
Azur und Saphir der Räume.

Himmelsblaue, zarte Flammen
füllen die Sonnenwaben aus,
eifersüchtige Tupfer aus Watte
haften am saphirnen Saum.

Nimm sie mit, Sonne, die stickigen,
prächtig schwere Kieselsteine,
bei den kühlen, bei den luftigen,
im Kristallklar will ich sein.

Driften mit der diesigen Wolke,
trübe, dunkle Stoffbahnen,
zartes Gekräusel der Wogen,
Tropfen – ein Herz, schwerbeladen.

ДЫМНЫЕ ТУЧИ

Солнца в высях нету.
Дымно там и бледно,
А уж близко где-то
Луч горит победный.

Но без упованья
Тонет взор мой сонный
В трепете сверканья
Капли осужденной.

Этой неге бледной,
Этим робким чарам
Страшен луч победный
Кровью и пожаром.

WOLKENRAUCH

Berggipfel ohne Licht
stehen rauchig und fahl.
Den nahen Dunst durchbricht
ein machtvoller Strahl.

Verloren, ohne Hoffnung,
seh ich dies Schimmern,
werde gleich den Tropfen
unweigerlich ertrinken.

Der Zauber, trüb und fahl,
– der Tröpfchenschleier –
fürchtet die Macht des Strahls
aus Blut und Feuer.

ТОСКА САДА

Зябко пушились листы,
Сад так тоскливо шумел.
– Если б любить я умел
Так же свободно, как ты.

Луч его чащу пробил...
– Солнце, люблю ль я тебя?
Если б тебя я любил
И не томился любя.

Тускло ль в зеленой крови
Пламень желанья зажжен,
Только раздумье и сон
Сердцу отрадней любви.

SCHWERMUT DES GARTENS

Auf dem Blattwerk zitterte Flaum,
traurig wogte der Garten.
»Wüßte ich, gleich dir, auch
so frei zu sein, ohne Erwartung!«

Ein Lichtstrahl fiel durchs Gestrüpp:
»Ob ich dich liebe, Sonne?
Liebte ich dich, müßte
ich mich immerzu sorgen.«

Dämmrig schwelte im Grün
die Glut des Verlangens,
im Grübeln und im Traum nur
ist das Herz weniger befangen.

МИГ

Столько хочется сказать,
Столько б сердце услыхало,
Но лучам не пронизать
Частых перьев опахала, –

И от листьев точно сеть
На песке толкутся тени…
Всё, – но только не глядеть
В том, упавший на колени.

Чу… над самой головой
Из листвы вспорхнула птица:
Миг ушел – еще живой,
Но ему уж не светиться.

FLÜCHTIGES

Die Fülle der Dinge, die zu sagen ist –
soll ein anderes Herz sie vernehmen,
dies undurchdringliche Dickicht,
das gefächerte Grün, die unzähligen
Blätter, ihre Netze auslegend,
im Sand die taumelnden Schatten…
dies alles, was dich bewegt,
nicht daran denken, daß sie bald fallen.

Sieh… ganz nah, dort über dir, stiebt
ein Vogel auf, lichtdurchflutet:
Der Augenblick verflüchtigt sich,
zuvor belichtet – jetzt verdunkelt.

МАЙСКАЯ ГРОЗА

Среди полуденной истомы
Покрылась ватой бирюза...
Люблю сквозь первые симптомы
Тебя угадывать, гроза...

На пыльный путь ракиты гнутся,
Стал ярче спешный звон подков,
Нет-нет – и печи распахнутся
Средь потемневших облаков.

А вот и вихрь, и помутненье,
И духота, и сизый пар...
Минута – с неба наводненье,
Еще минута – там пожар.

И из угла моей кибитки
В туманной сетке дождевой
Я вижу только лоск накидки
Да черный шлык над головой.

Но вот уж тучи будто выше,
Пробились жаркие лучи,
И мягко прыгают по крыше
Златые капли, как мячи.

И тех уж нет... В огне лазури
Закинут за спину один,
Воспоминаньем майской бури
Дымится черный виксатин.

GEWITTER IM MAI

In der Mattigkeit des Mittags
hüllt sich das Türkis in Watte ein...
Dies ist das Zeichen, Gewitter,
ich warte, daß du erscheinst...

Über den staubigen Weg biegt sich
der Weidenstamm, und das Grollen
der Hufeisen naht, nein, nein... dies ist
das Tor zum Glutofen der Wolken.

Hier: der Wirbelsturm und der trübe
Himmel. Es ist stickig, Dunst steigt auf...
Dort: die drohende Überflutung,
und da: Flammen und Rauch.

Im Fuhrwerk sitzend, durchs dichte,
dampfende Regennetz
erkenne ich kaum die schwarze Mütze
des Fuhrmanns und das nasse Verdeck.

Weit oben hängen jetzt Wolken,
Strahlenbündel zerklüften
das diesige Blau. Goldene Tropfen
beginnen wie winzige Bälle zu hüpfen

und verdunsten... Einer nur, entglitten
ins flammende Azur, lodert noch
nach dieser Schlacht am Himmel,
schwarz dampft der gewachste Stoff.

Когда бы бури пролетали
И всё так быстро и светло…
Но не умчит к лазурной дали
Грозой разбитое крыло.

Fortgeschwebt scheint die Gewitterfront,
alles ging so schnell, es wird hell...
Ins ferne Azur entgleitet dennoch
nicht der Flügel, ist sturmzerschellt.

ЗИМНЕЕ НЕБО

Талый снег налетал и слетал,
Разгораясь, румянились щеки.
Я не думал, что месяц так мал
И что тучи так дымно-далеки…

Я уйду, ни о чем не спросив,
Потому что мой вынулся жребий,
Я не думал, что месяц красив,
Так красив и тревожен на небе.

Скоро полночь. Никто и ничей,
Утомлен самым призраком жизни,
Я любуюсь на дымы лучей
Там, в моей обманувшей отчизне.

DER HIMMEL IM WINTER

Schnee löste sich aus dem Himmel,
Wangen wurden warm, verfärbten sich.
Wie fern die Wolken zu tauen beginnen,
von welcher Losgelöstheit der Monat ist...

Auch mein Los entschied sich am Taupunkt,
wortlos werde ich fortgehn.
Wie schön der Monat ist, wie aufregend muß
jener Ort sein, wo das Gewölk entsteht.

Bald ist Mitternacht. Ein Niemand und frei,
erschöpft vom Trugbild des Lebens,
verfolge ich die Flocken, ihre Leichtigkeit,
wie sie dem Ort der Illusion entschweben.

Anmerkungen

PARALLELEN: *Tuberose:* Pflanzenart aus der Gattung der Agaven mit weißen, lilienartigen Blüten.

KUPFERSTICH: Das posthum erschienene Gedicht »Kupferstich« (1910) aus »Dreiblatt des Papiers« gilt als exemplarisch für den in der russischen Moderne aufkommenden Texttypus der »Dichtung über Malerei«. Dieser war Ausdruck der damals gänzlich neuen Wechselbeziehung der Literatur mit anderen Künsten. Walerij Brjussows »An M. A. Wrubel« (1906), Wjatscheslaw Iwanows »Leonardos Abendmahl« (1892-1902) oder auch Annenskijs »Kupferstich« gehören diesem neuen Typus an. Darin werden auf bemerkenswerte Weise Kategorien der Bildenden Kunst auf die Literatur übertragen (Alexander Flaker: »Literatur und Malerei«. In: *Glossarium der russischen Avantgarde.* Hg. von Alexander Flaker, Graz/Wien 1989, S. 76 ff). So beschreibt Annenskij nicht die Landschaft eines Kupferstichs. Vielmehr läßt er sich von der künstlerischen Technik des Kupferstechens inspirieren und übernimmt sie für sein Gedicht. Das Kupfer (oder auch das lyrische Wort) wird zum Objekt. Es erfährt die gleichsam zerstörerische Kraft des Kupferstechens wie Verätzungen, Einritzungen und das Hineingraben der Radiernadel, welche für den Vorgang des Dichtens stehen. Sie bringen schließlich den Kupferstich, die Dichtung, hervor.

JAIRUS' TOCHTER: *Jaïrus' Tochter:* eines der Wunder Jesu, die Geschichte von der Auferweckung der Tochter des Jaïrus aus dem Neuen Testament, siehe Matthäus 9, 18-26, Markus 5, 21-43 und Lukas 8, 40-56.

DIE BEGLEITERIN: *Erebos:* Gott der Finsternis in der griechischen Mythologie.

NÄCHTLICHE STANZEN: *Olga Petrowna Chmara-Barschtschewskaja:* Ehefrau von Annenskijs Stiefsohn, leidenschaftliche Verehrerin der Lyrik Annenskijs. Sie war offenbar seine heimliche, platonische Liebe. Sie selbst bekundet in einem Brief an W. W. Rosanow vom 20.2.1917: »*Wirklich geliebt hat er womöglich allein mich*. Doch er zögerte, über den eigenen Schatten zu springen ... ihn erschreckte der Gedanke: ›Was tue ich da? Erst raube ich einem Sohn [dem Stiefsohn] seine Mutter, und nehme ihm daraufhin auch die *Frau*? Wie soll ich dies mit meinem Gewissen vereinbaren?‹ Doch wir ›ehelichten‹ unsere Seelen, und das blieb unser Geheimnis.« In: Innokentij Annenskij: *Stichotworenija*, Moskau 2000. S. 398.

KEK-UOK AUF DER ZITHER: Der Cakewalk (engl., ausgesprochen: *kek-uok)* ist ein Gesellschaftstanz, der in den 1850er Jahren in den USA sehr beliebt war. Um die Jahrhundertwende entwickelte er sich auf der Grundlage des Ragtime zum Modetanz. Walentin Kriwitsch, Annenskijs Sohn, berichtet: »Der Text entstand im Herbst 1904 auf Jalta. Ein Zitherspieler auf der Terrasse eines Cafés im Stadtpark erregte die Aufmerksamkeit meines Vaters.« In: Innokentij Annenskij: *Tragedija i perewody*, Moskau 2000. Annenskij bezieht sich in diesem Gedicht auf die ungarische Form der Brettzither, das *Cimbalo* oder *Zymbal (Cembalo ungarico)*. Dieses Hackbrett wird mit Klöppeln geschlagen.

SCHNEE FÄLLT, *(Musik einer fernen Drehorgel)*: Widmung für Jekaterina Maximowna Muchina.

GLÖCKCHEN KLINGEN: Kompromißloser als in »Kek-uok auf der Zither« gestaltet Annenskij mit lautpoetischen Mitteln den Klang der Glöckchen während einer Troika-Schlittenfahrt nach. Anna Achmatowa geht in *Innokentij Annenskij* auf die Bedeutung dieses Textes für die moderne russische

Poesie ein. Dieser erinnere, wüßte man nicht, daß er aus der Feder Annenskijs stamme, an die futuristischen Sprachexperimente Welimir Chlebnikows:»Wir können davon ausgehen, daß ›Glöckchen klingen‹ das erste Samenkorn war, dessen Saat später in der klangvollen Poesie Chlebnikows aufging. Der strömende Regen Pasternaks peitscht schon auf den Seiten des *Zypressenkästchens*. Ausgangspunkt der Dichtung Nikolaj Gumiljows war nicht die Poesie der französischen Symbolisten, auch wenn dies gern angenommen wird, sondern Annenskij. Ich führe meinen eigenen poetischen Anfang auf die Gedichte Annenskijs zurück.« (Anna Achmatowa: *Gedanken zu zeitgenössischen Dichtern. Innokentij Annenskij.* In: Anna Achmatowa: *Sotschinenija.* Band 2, Moskau 1987, S. 203.)

DER HIMMEL IM WINTER: Das Gedicht »Der Himmel im Winter« ist der erste Text aus »Dreiblatt des Mondes«. Es wird diesem Band als abschließendes Gedicht beigefügt.

Zeittafel

1855 Innokentij Fjodorowitsch Annenskij wird am 20. August in Omsk geboren. Der Vater, Fjodor Nikolajewitsch Annenskij, bekleidet ein hohes Amt im Staatsdienst in Westsibirien.

1860 Die Familie Annenskij zieht nach Sankt Petersburg, wo Annenskij später ein Studium der Klassischen Philologie aufnehmen wird. Für seine hohe Bildung – er widmet sich Studien der russischen Literatur und Folklore, der antiken und westeuropäischen Literatur, Linguistik und Philosophie – ist er nicht nur in seiner zukünftigen Laufbahn als Pädagoge geschätzt, er genießt auch große Anerkennung als Übersetzer, wobei er an die vierzehn Fremdsprachen beherrscht. Ein in der Kindheit erworbenes Herzleiden zwingt ihn immer wieder, seine Ausbildung zu unterbrechen.

1879 Beginn seiner Lehrtätigkeit. Im gleichen Jahr heiratet er die um vierzehn Jahre ältere Witwe Nadeschda Walentinowna Chmara-Barschtschewskaja.

1880 Geburt des Sohnes Walentin, der nach dem Tod des Vaters unter dem Pseudonym W. Kriwitsch als Herausgeber seines Vaters hervortritt.

1891 Beginn der vollständigen Übertragung aller Tragödien des Euripides, die Annenskij mit wissenschaftlichen Kommentaren und Anmerkungen versieht.

1896 Nach Zwischenstationen in Kiew und Sankt Petersburg

wird er zum Direktor des Gymnasiums von Zarskoje Selo (heute: Puschkin) ernannt, wo er bis zu seinem Tod mit seiner Familie lebt.

1900 Wolga-Schiffsreise nach Astrachan, Aufenthalt in Finnland.

1901 Aufenthalt mit seiner Frau in Frankreich. Veröffentlichung des von Annenskij rekonstruierten Dramas »Melanhippe, die Philosophin« nach einem verschollenen Werk des Euripides.

1902 Veröffentlichung der Tragödie »Kaiser Ixion«.

1904 Unter dem Pseudonym NIK. T-O (Niemand) erscheint der erste Gedichtband Annenskijs, »Stille Lieder«, der auch Übertragungen der französischen Symbolisten wie Baudelaire, Mallarmé und Verlaine enthält. Die Veröffentlichung trifft bei Kritikern wie Walerij Brjussow und Alexander Blok auf ein geteiltes Echo, erregt aber Aufmerksamkeit aufgrund der ungewöhnlichen Bildhaftigkeit und großen Musikalität.

1905 Annenskij wird seines Direktorenpostens am Gymnasium von Zarskoje Selo enthoben. Hintergrund sind die Ereignisse der Russischen Revolution von 1905, die auch seine Verwandtschaft betreffen: sein Bruder wird verhaftet, ihm selbst wird vorgeworfen, in die Unruhen, an der sich auch die höheren Klassen seines Gymnasiums beteiligten, verwickelt gewesen zu sein.

1906 Annenskijs neue Tätigkeit als Inspektor des Petersburger Schulbezirkes ist mit ausgedehnten, beschwerlichen Dienstreisen verbunden, was seiner schwachen Gesundheit nicht zuträglich ist. Veröffentlichungen der Tragödie »Laodamia« und der Euripides-Ausgabe »Euripides Theater«. Literaturkritische Betrachtungen über Gogol, Dostojewskij, Turgenjew, Lew Tolstoi, Tschechow und Balmont unter dem Titel »Das Buch der Spiegelungen« und »Das zweite Buch der Spiegelungen« (1909).

1909 In dieser Zeit findet Annenskijs Schaffen zunehmend Beachtung. Die Literaturzeitschrift »Apollon«, ein wichtiges Sprachrohr der Symbolisten, gewinnt Annenskij als Berater und Mitarbeiter. Schwerkrank legt Annenskij die Herausgabe und das Lektorat seines zweiten Gedichtbandes »Das Zypressenkästchen« in die Hand seines Sohnes, Walentin Kriwitsch. Annenskij stirbt am 30. November auf der Treppe der Eingangshalle des Zarskoselskij–Bahnhofs (heute: Witebsker Bahnhof) in Sankt Petersburg an einem Herzschlag. »Das Zypressenkästchen« erscheint posthum.

1910 Nach seinem Tod wird sich die literarische Nachwelt seiner Bedeutung bewußt. Einen entscheidenden Einfluß übt sein Schaffen auf die nachfolgende Generation der Akmeisten (vor allem Anna Achmatowa und Nikolaj Gumiljow) sowie auf die Futuristen aus. Die Wirkung seiner Poesie, die einen Brückenschlag zwischen Symbolismus und Avantgarde herstellte, reicht bis in die heutige Zeit hinein.

Ausgaben von Annenskijs Werk

- *Kiprarisovyj larec. Vtoraja kniga stichov (posmertnaja).* Moskau 1910.
- *Posmertnye stichi Innokentija Annenskogo. S portretami i 2 faksmile pod red. Valentina Kriviča.* Petrograd 1923.
- *Izbrannoe.* Biblioteka Poezii. Sankt Petersburg 1998.
- *Traktir žizni.* Moskau 1998.
- *Stichotvorenija. Tragedija. Perevody.* Moskau 2000.

»...lichtdurchflutet: der Augenblick«

Innokentij Annenskijs Lyrik beschreibt das Flüchtige, das Auftauchen von Dingen und ihr Verschwinden: das Flackern eines Sterns, die Lichttupfer im Park und den Wolkenrauch über den Bergen. Sie ist Mysterium und Melancholie. Die exzentrischen Metaphern und der Gegensatz von eisiger Gedankenklarheit und tiefer Schwermut riefen bei Veröffentlichung des ersten Gedichtbandes »Stille Lieder« (1904) ganz verschiedene Reaktionen hervor. Das Buch erschien unter dem Pseudonym Nik. T-o[1]. Es enthielt auch Gedichte der französischen Symbolisten und Poètes maudits – namentlich von Baudelaire, Leconte de Lisle, Mallarmé, Rimbaud und Verlaine, die Annenskij ausgewählt und ins Russische übertragen hatte.

Walerij Brjussow, russischer Symbolist und Literat mit großem Einfluß, äußerte sich zurückhaltend, lobte indessen die Musikalität der Verse, die von »großer Bildhaftigkeit sind, das Banale scheuen, einen kraftvollen und neuen Eindruck hinterlassen«[2]. Alexander Blok, Wortführer des Symbolismus und Lyriker, gestand trotz einiger kritischer Randbemerkungen in seiner Rezension von 1906 ein, daß »gleich einer Begegnung mit einem Unbekannten sein Interesse gänzlich unerwartet geweckt«[3] worden sei. Er sei auf wahrhaftig Ungewöhnliches und auf neuartige Metaphern gestoßen.

Annenskijs erste Veröffentlichung erschien, als er achtundvierzig Jahre alt war. Trotz seines ersten Erfolgs blieb er den literarischen Kreisen fern, die vornehmlich von den Auseinandersetzungen der Symbolisten geprägt waren. Er ging seinem Beruf als Pädagoge nach, wurde zum Direktor des kaiserlichen Gymnasiums in Zarskoje Selo berufen und reiste später als Kreisinspektor des Petersburger Schulkreises durch Rußland. Nebenher widmete er sich seinem literarischen Werk. In den 1880er Jahren gab er eine Reihe literaturkritischer Aufsätze über Gogol, Dostojewskij, Turgenjew oder auch Lew Tolstoi heraus, die 1906 als »Das Buch der Spiegelungen« und 1909 als »Das zweite Buch der Spiegelungen« erschienen. Unterdessen trat er vornehmlich als Übersetzer hervor und erhielt große Anerkennung für seine kommentierte Edition der Tragödien des Euripides. Gegen Ende seines Lebens erweiterte sich Annenskijs Bekanntenkreis in der literarischen Welt. Diesem gehörten Literaten wie Wjatscheslaw Iwanow, Michail Kusmin oder Maximilian Woloschin an. So kam er, als er 1909 die Zusammenstellung und Veröffentlichung seines poetischen Hauptwerkes »Das Zypressenkästchen« vorantrieb, mit Sergej Makowskij, dem Herausgeber der Kunst- und Literaturzeitschrift »Apollon«, ins Gespräch. Dieser beabsichtigte, die Zeitschrift zu einer Institution zu machen, und wollte Annenskij, den er für seine Sprachkenntnisse als Altphilologe und für seine hohe Bildung schätzte, unbedingt als Mitarbeiter gewinnen. Im Mai 1909 entwarfen Annenskij und Makowskij das Programm der Zeitschrift. Darin proklamierten sie eine Ästhetik des Apollinischen, des Lichtvollen, wodurch sie sich von den Symbolisten abgrenzten, die das Dionysische, das Ekstatisch-Dunkle, verfochten. Ziel der Zeitschrift »Apollon« war die Neuausrichtung der Kunst hin zu einer wahren Schönheit und einer Orientierung auf das Zukünftige.

Zwischen den Welten
Innokentij Annenskij stand »zwischen den Welten«, wie ein Gedichttitel lautet. Sein Stern erlosch viel zu früh[4] am Hori-

zont des ausgehenden Symbolismus im Rußland der Jahrhundertwende und der aufkommenden Avantgarde, bevor er als Dichter wahrgenommen wurde, dessen Werk in die Zukunft der literarischen Moderne verweist. Erst nach Annenskijs Tod wurde sich die Nachwelt seiner Bedeutung bewußt. Zeitgenossen wie Nikolaj Gumiljow, Maximilian Woloschin oder Ossip Mandelstam würdigten ihn als einen großen europäischen Dichter, der, »wenn die Europäer ihn endlich erkennen«, erschrecken werden über die »Frechheit dieses königlichen Räubers, der ihnen das Täubchen Eurydike in den russischen Schnee entführt hat«.[5] Alexander Blok gestand sich nach Annenskijs Tod 1910 ein: »Gerade las ich das ‚Zypressenkästchen' ein zweites Mal. Durch die gesamte Müdigkeit dieses Frühlings dringt es tief in mein Herz ein. Eine erstaunliche Nähe stellt sich her, die mir nun vieles in mir selbst erklärt«[6].

Der Symbolismus, der das Mystische, Bedeutungsschwere und Fiebrige zu einem philosophisch-ästhetischen Konzept erhoben hatte, begann um die Jahrhundertwende zunehmend an Kraft zu verlieren: »Es gab eine Zeit, wo die symbolistische Lyrik am Ende war und wo es noch nicht klar war, welche der bitteren Rivalen ... die Herzen erobern würden.«[7] Die neuen Bewegungen, denen es um das neue Wort ging, verkehrten die alten Ideen in Experimentierfreudigkeit und Provokation einerseits – wie Wladimir Majakowskij und Welimir Chlebnikow im Futurismus, die der damaligen »Wortkunst das Leitmotiv gaben«[8]. Andererseits betonten Nikolaj Gumiljow und Anna Achmatowa die Klarheit und Dinglichkeit im Akmeismus. Die neue Generation um diese beiden Dichter gründete ihr Programm auf Annenskijs Poetik der alltäglichen Dinglichkeit, nämlich auf »präzisen lyrischen Momentaufnahmen unscheinbarster Gegenstände und

Gesten« und auf das »kreative Potential von Erinnerung und sinnlicher Wahrnehmung.«[9] Gumiljow und Achmatowa bezeichneten Annenskij als ihren geistigen Lehrer, wobei Gumiljow selbst noch als Schüler die persönliche Bekanntschaft Annenskijs am Gymnasium in Zarskoje Selo gemacht hatte. Achmatowa war erstmals 1910 auf dessen Gedichte gestoßen, die sie tief beeindruckten: »Als ich die Korrekturfahnen des ›Zypressenkästchens‹ in den Händen hielt, war ich fasziniert und las sie, alles auf der Welt vergessend, sogleich durch.«[10] Dank dieser Erfahrung und in Abgrenzung zum vorherrschenden Symbolismus gründete sie 1911 gemeinsam mit Gumiljow, Gorodezkij und Mandelstam eine neue literarische Gruppierung, die als Akmeismus in die Geschichte der modernen russischen Dichtung einging. Anna Achmatowa kam im Laufe ihres Schaffens immer wieder auf Annenskij zurück. Sie widmete ihm mehrere Texte, so etwa »Im Geiste Annenskijs« (1910), »Der Lehrmeister« (1945) oder auch »Ode von Zarskoje Selo« (1961).

Am Taupunkt der Schwermut oder Kek-uok
Einen entscheidenden Einfluß auf die russische Dichtung übte Annenskijs poetisches Hauptwerk »Kiparisowyj larez« aus, das übersetzt »Das Zypressenkästchen« oder auch »Die Zypressenschatulle« heißt. Da Annenskij während der Zusammenstellung des Buches bereits an einem schweren Herzleiden erkrankt war, überantwortete er die darin enthaltenen Gedichte seinem Sohn Walentin Kriwitsch. Dieser sorgte nach dem Tod des Vaters dafür, daß der Band 1910 erschien, auch wenn nachträglich Zweifel an der Anordnung der Texte aufkamen, vor allem der wegweisenden »Dreiblätter«.

Das Wort »Dreiblatt« oder auch »Kleeblatt« *(trilistnik)* enthält eine Reihe von Anspielungen: auf das Trifolium mit seinen dreiteiligen Blättern, im übertragenen Sinn auch auf die christliche Tradition der Dreifaltigkeit sowie auf das religiöse Triptychon in der Kunst. Jedes der »Dreiblätter« – etwa »Dreiblatt des Eises«, »Dreiblatt des Papiers« oder »Dreiblatt des Verhallens« – vereint thematisch drei Gedichte, die sich jedoch in keinen unmittelbaren Zusammenhang stellen lassen. Annenskij greift damit der Montagetechnik der Avantgarde[11] voraus, die vor allem im Futurismus Anwendung fand. Das Zerschneiden, willkürliche Verknüpfen und lose Zusammenfügen unterschiedlicher Dinge findet sich nicht nur in der Struktur der »Dreiblätter« wieder. Jurij Lotman weist darauf hin, daß Annenskijs poetische Texte »auf eine entblößte Weise demonstrativ auf literarischen Assoziationen«[12] gründen. Dies hat zur Folge, daß sie sich gegen eine flüchtige Lesart und Bedeutungserschließung sperren, aber auch eine gewisse dekadente Exzentrik und einen künstlerischen Eigensinn vermitteln.

Den Hang zur Melancholie, zum Exotischen und Mysteriösen teilte Annenskij mit anderen Künstlern seiner Zeit. Damals wurde von einem Lebensgefühl des »Unbehagens und der Vorahnung« und von einer »schillernden Zeit«[13] gesprochen, die zum Epochenbegriff des Silbernen Zeitalters führten. Alle Lebens-, Kunst- und Kulturbereiche Rußlands vom Ende der 1890er Jahre bis in die späten 1910er Jahre wurden davon erfaßt. Annenskij war es wie keinem anderen Autor gelungen, die eigene Zerrissenheit, Entfremdung und Disharmonie gleichsam durch ein Prisma zu brechen und zum poetischen Konzept der Schwermut zu entwickeln, das auf einer Antiästhetik des Bizarren, Absurden, selbst des Morbiden beruhte. Mit dem Seziermesser der Präzision und Klarheit legte er die Schwermut schonungslos frei, bettete sie in eine alltägliche, banal-dingliche Situation ein, um diese dennoch dekadent zu präsentieren[14]. Der rauchige Dunst und die unergründliche Dämmerung erweisen sich als Illusion, das mysteriös Schöne als Simulation:

> Schönheit allein kann mich nicht verführen,
> ich liebe ihr Trugbild, zerfallend im Nebel...

Das Schöne bleibt das Unerreichbare. Es ist eine immerwährende Fiktion, die »allein mit Gedanken, Worten« zu verstehen ist. Das geheimnisvolle Abendlicht in der Allee ist in Wirklichkeit der Widerschein glänzender Blätter im elektrischen Licht der Laternen:

> [...] Diebin der Nacht – elektrisches Licht,
> Ahorngezweig, glanzüberflutet.
>
> Die Nacht, strauchelnd im grünen Rauch,
> fürchtet die gleißende Entblößung,
> herbstliche Tropfen vibrieren auf
> dem Blattwerk wie goldenes Dekor.

Das Trügerische kehrt wieder im kurzzeitig Illuminierten, Flirrenden und Verglühenden. Daraus erwächst eine Art von »Lichtsystem«:

> Und der Trauerzug der Pferde
> zieht stumm die leuchtende Last,
> das Funkeln im Schweif der Herde
> flackert, blendet und verblaßt.

Die Dinge scheinen zu entgleiten, sie zertauen oder werden überschwemmt:

> Ich liebe den Winter am Morgen,
> das wässrige Halbdunkel aus Violett,
> die versengten Flecken des Sommers
> im rosa Glanz des frostigen Lichts.
>
> Ich liebe die verblassende Weite,
> das tauende Licht, das sie überschwemmt […]

Im Lichtsystem nehmen die Dinge mal leuchtend, mal opak, durch die Farben Gestalt an. Annenskij bevorzugte Rot- und Schwarztöne, aber auch Gelbtöne wie Gold – besonders jedoch die Farbe Blau, die im Silbernen Zeitalter als Ausdruck einer spirituellen Welt galt. Sie inspirierte unzählige Maler wie die Künstlergruppe Blaue Rose, aber auch Philosophen und Dichter wie Andrej Bely und Alexander Blok, zu einer metaphorischen Verwendung aller Spielarten des Blau. Die Auseinandersetzungen jener Zeit um das Thema Farbe und neue Sinneserfahrungen führten zum Beispiel Wassily Kandinsky oder auch das Künstlerpaar Michail Matjuschin und Jelena Guro dazu, »das Zusammenspiel von Raum und Form zu erforschen«[15] und schließlich neue Farbtheorien zu entwickeln.

Annenskij steigert die Abstufungen des Blau in ein angsteinflößendes Violett, in das mystisch Fliederfarbene, in ein irreales Purpur bis hin zum Motiv des bedrohlichen Amethysten:

> Wenn der purpurne Tag, blind vor Wut,
> das Blau zu verbrennen beginnt,
> sehne ich mich nach der Dämmerung,
> kühl wie der Amethyst.

Die »symbolisch-mythologische Malerei«[16] Annenskijs beschränkt sich nicht allein auf das Spiel von Farbe und Licht. Vielmehr verbindet sie das Thema Farbe mit anderen Motiven: So dehnen sich in den Farblandschaften die seelischen Räume der Erschöpfung, der Traurigkeit und des Überdrusses aus:

> Fahl schwelende, purpurne Flamme,
> welch ödes, verblichenes Gelb,
> netzverhängte Zweige der Tannen,
> jeder Tag scheint morgens verwelkt…

Maximilian Woloschin, der Annenskij Anfang März 1909 noch persönlich kennenlernte, hob hervor, daß kein anderer Dichter es bisher vermocht habe, »seelische Zustände wie die der Schwermut, der Langsamkeit des Lebens, der Schlaflosigkeit, der körperlichen Schmerzen, der Herzanfälle, der Müdigkeit und des Dahinschwindens der Kräfte« intensiver zu beschreiben als Annenskij[17]:

> Abendgeläut, so nimm mich mit!
> Das Herz ist kraftlos, wie gedämpft.
> Staub, der vom Tag noch flirrt,
> reizt mit der Möglichkeit der Welt.

Immer wieder wird das Gefilterte, Verwischte, Neblige heraufbeschworen, das Ausdruck einer übermäßigen Mattigkeit zu sein scheint, die jedoch, Annenskijs Grundsatz des Trügerischen folgend, sogleich ironisch hinterfragt wird:

> Bald ist Mitternacht. Ein Niemand und frei,
> erschöpft vom Trugbild des Lebens

verfolg ich die Flocken, ihre Leichtigkeit,
wie sie dem Ort der Illusion entschweben.

Jenes Moment des Eintauchens in einen anderen Raum »wo die Ränder verschmelzen« ist der ersehnte Zustand des losgelösten Träumens, denn »im Grübeln und im Traum nur / ist das Herz weniger befangen.« Ein Zustand, der schwer herbeizuführen ist und oftmals mit quälendem Dahindämmern und Schlaflosigkeit einhergeht.

Die Eindringlichkeit, mit der Annenskij diese Zustände beschreibt, beeindruckte noch nachfolgende Generationen russischer Dichter bis in die Gegenwart, so zum Beispiel Gennadij Ajgi: »Annenskij ist auch der größte märtyrer der schlaflosigkeit in der gesamten weltpoesie. [...] Annenskijs schlaf-gedichte sind gleichermaßen quälend – es handelt sich dabei nicht um eine versenkung in den schlaf, vielmehr um den übertritt aus der sphäre des schlafs in den schmerz, in die kalten dämmerungen eines leidenden und peinigenden selbstbewußtseins.«[18]

Der zeitgenössische Lyriker Nikolaj Kononow, der sich inhaltlich wie in der formalen Gestaltung seiner radikal verknappten Verszeilen auf Annenskij beruft, entwickelte eine eigene Form der »Nerven-Nadel-Poesie«[19], die sich nicht scheut, eine hochgradige Anspannung auszuleben.[20]

Das Zurschaustellen des Innersten führte Annenskij in seinem Spätwerk zur Entwicklung einer Psychologisierung und zur Entdeckung neuer Ausdrucksformen. Im Gedicht »Redefetzen« etwa werden innere Gedankenströme ungefiltert wiedergegeben. Zeitgleich begann er mit der Sprache zu experimentieren und wandte sich der reinen Form zu. Damit nahm Annenskij eine Zwischenposition zwischen Symbolismus und Avantgarde ein.

Was in der Lyrik um die Jahrhundertwende für gewöhnlich als notwendiges Dekor herhalten mußte, um eine aufgeladene Grundstimmung zu erzeugen, verkehrte Annenskij ins Gegenteil: Das Dekor wird, wie im berühmten »Glöckchen klingen«, wo die Laute und Geräusche zum Material des Gedichts werden, selbst zum Akteur. Heute wird dieser Text als einer der ersten lautpoetischen Texte der modernen russischen Poesie betrachtet. Er entstand in Annenskijs Todesjahr 1909, kurz bevor der futuristische Laut-Dichter Alexej Krutschonych 1913 »das erste, bis heute unvergessene und berühmte Zaum-Gedicht ›dyr bul schtschyl‹ schuf und damit als Vater der transrationalen Sprache«[21] in die Geschichte der Avantgarde einging.[22] Zu erwähnen ist das im gleichen Jahr von Jelena Guro verfaßte »Finnland«[23], das mit seinen onomatopoetischen »Finnish Lullabies«[24] wie:

> Lulla, lolla, lalla-lu,
> Lisa, lolla, lulla-oder.
> Die Nadeln rausen, rausen,
> ti-i-i, ti-i-u-u [...]

in bemerkenswerter Weise an das geschwätzig lallende Geklingel in Annenskijs »Glöckchen klingen« erinnert:

> Ding-Dang-Dong,
> Ding-Dang...
> Dido Lado, Dido Lado,
> Lida fürs Ding-Dang-Dong herrichten,
> Dido für Lida herrichten, [...]
> Passen – li, passen – la,
> passen, passen, sagen ja, [...]
> Glocken rasseln, rasseln,

Glöckchen lachen, lachen,
Kleidchen uns vermachen,
kleine Klapper – li,
und Geplapper – la ...
Klingelang, Klingelong ...

Einen ähnlichen Kultstatus erlangte Annenskijs »Kek-uok auf der Zither«. Der Modetanz »Cakewalk« (gesprochen: *kek-uok)* hatte von den USA aus um die Jahrhundertwende die Welt erobert. Annenskij verwandte die vielfältigen stilistischen Möglichkeiten der Lautpoesie, um den wilden Tanz der Hämmerchen zu imitieren. Ohne diese Klanggedichte wären Nachfolger wie der Zaum-Dichter Welimir Chlebnikow, die Trio-Texte Jelena Guros[25] oder die Ausrufungs-Poesie Wladimir Majakowskijs undenkbar gewesen. Nicht zu vergessen das futuristisch beeinflußte Frühwerk Boris Pasternaks[26], Nikolaj Sabolozkijs oder das Schaffen Marina Zwetajewas. Nach dem Ende der Stalinschen Eiszeit knüpften Genrich Sapgir, Igor Cholin und Gennadij Ajgi sowie heute die Nerven-Nadel-Poesie Nikolaj Kononows oder die sprachkünstlerischen Experimente Valeri Scherstjanois daran an. Sie alle zelebrierten und zelebrieren im Sinne Annenskijs eine neue Wortkunst:

Klöppel tupfen, schiefe Klänge,
tappeln auf der Stelle, klemmen,
Schlag auf Schlag,
Leben, ach ... frisch gewagt,
das war unser Fest.

Martina Jakobson
Berlin 2010

Zum Nachwort:

[1] Dabei handelt es sich um ein Kryptogramm des Vornamens Innokentij. Außerdem ist es eine Anspielung auf den sich in der Odyssee Homers selbst verleugnenden Odysseus (*Nikto*: Russisch für »niemand«) in der Polyphem-Erzählung.

[2] Valerij Brjusov: *Sredi stichov. 1894-1924. Manifesty, stat'i, recenzii. Sovetskij pisatel'*. Moskau 1990, S. 110.

[3] Aleksandr Blok: *Sobranie sočinenij v vos'mi tomach*, t. 5. Moskau/Leningrad 1963, S. 620 ff.

[4] In Erinnerung an den bedeutenden Dichter erhielt ein von der Astronomin Ljudmila Žuravleva neuentdeckter Asteroid im Observatorium auf der Krim am 23.12.1979 den Namen »3724 Annenskij«.

[5] Ossip Mandelstam: Über die Natur des Wortes. In: *Über den Gesprächspartner. Gesammelte Essays I 1913-1924*. Aus dem Russischen übertragen und herausgegeben von Ralph Dutli. Zürich 1991, S. 123.

[6] Aleksandr Blok: *Sobranie sočinenij v vos'mi tomach*, t. 8. Moskau/Leningrad 1963, S. 309.

[7] Roman Jakobson: Von einer Generation, die ihre Dichter vergeudet hat. In: Roman Jakobson: *Poetik*. Frankfurt a. M. 1979, S. 160.

[8] ebd.

[9] Felix Philipp Ingold: *Der große Bruch. Rußland im Epochenjahr 1913*. München 2000, S. 197.

[10] Anna Achmatova: *Korotko o sebe*. In: Anna Achmatova: *Sočinenija*, t. 2, Moskau 1987, S. 237.

[11] s. dazu auch: Isabelle Guntermann: *Mysterium Melancholie. Studien zum Werk Innokentij Annenskijs*. Köln, Weimar, Wien 2001, S. 332 ff.

[12] Jurij Lotman: *Die Analyse des poetischen Textes*. Hg., einge-

leitet und übersetzt von Rainer Grübel. Kronberg 1975, S. 162.

[13] John E. Bowlt: *Moskau und Sankt Petersburg. Kunst, Leben und Kultur in Rußland 1900-1920.* Wien 2008, S. 9.

[14] Ulrich Schmid weist im Nachwort (basierend auf Lidija Ginzburg: *O lirike,* Leningrad 1974, und auch auf Anna Ljunggren: *At the Crossroads of Russian Modernism. Studies in Innokentij Annenskij's Poetics,* Stockholm, 1997) darauf hin, daß Annenskijs Lyrik »als paradoxe Verschränkung von dinglichem Realismus und dekadenter Präsentation« zu beschreiben sei. In: Innokentij Annenskij: *Die schwarze Silhouette.* Übersetzt von Adrian Wanner. Zürich 1998, S. 169

[15] Margareta Tillberg: *Cvetnaja vselennaja: Michail Matjušin ob iskusstve i zrenii.* Moskau 2008, S. 44.

[16] Alexander Flaker: Literatur und Malerei. In: *Glossarium der russischen Avantgarde.* Hg. von Alexander Flaker, Graz-Wien 1989, S. 76.

[17] Maksimilian Vološin: *Liki tvorčestva.* Leningrad 1988, S. 524.

[18] Gennadij Ajgi: Schlaf-und-Poesie. (Unzusammenhängende Bemerkungen). In: Gennadij Ajgi: *Aus den Feldern Rußlands.* Frankfurt a. M. 1991, S. 22 ff.

[19] »Nerven-Nadel-Poesie« in Anlehnung an das programmatische Prosagedicht Annenskijs »Gedanken-Nadeln«, in dem es heißt: »Unter Schmerzen und Qualen lösen sich die Nadeln von meinen Ästen. Diese Nadeln sind meine Gedanken.«

[20] siehe dazu: Nikolaj Kononov: *Polja. Stichotvorenija.* Sankt Petersburg 2004.

[21] Henrike Schmidt: Poetische Grundlagenforschung. In: Sergej Birjukov: *Jaja, Dada oder die Abschaffung des Artikels.* Leipzig 2004, S. 120.

[22] Da bis heute nicht eindeutig geklärt ist, wem das erste Lautgedicht der russischen Poesie zu verdanken ist, siehe dazu die Ausführungen von Thomas Keith: Anton Lotov – Wer war der erste russische Lautdichter? In: Thomas Keith: *Poetische Ausführungen der deutschen und russischen Avantgarde (1912-1922) – ein Vergleich*. Berlin 2005. S. 115 ff.

[23] Übersetzung in: Valeri Scherstjanoi: *Tango mit Kühen*, Wien 1998, S. 76.

[24] Margareta Tillberg: Elena Guro: Painter, Poet and Pantheist. St. Petersburg – Karelien Isthmus 1877-1913, In: *Landscapes of the Baltic Sea in Literature and Art*, Visby 2002, http://mpiwg-berlin.mpg.de/en/staff/members/mtillberg.

[25] »Troje« (deutsch: *Trio) Troe*, Hg. von V. Chlebnikov, A. Kručenych, E. Guro mit Zeichnungen von Malevič, erschien posthum 1913 nach Guros Tod.

[26] s. dazu die Ausführungen von Alexander Nitzberg in: *Dampfbetriebene Liebesanstalt. Gedichte des russischen Futurismus*. Herausgegeben von Alexander Nitzberg. Düsseldorf 1999, S. 165.

Inhalt

из книги *Тихие песни*		aus: STILLE LIEDER
Листы	9	Blattwerk
Август		*August*
Хризантема	11	1. Chrysantheme
Электрический свет в аллее	13	2. Elektrisches Licht in der Allee
Ноябрь	15	November
Ветер	17	Wind
Параллели		*Parallelen*
1. Под грозные речи небес	19	1. Ins finstere Gespräch der Wolken
2. Золотя заката розы	19	2. Abendrot goldene Rosen
из книги *Кипарисовый ларец*		aus: DAS ZYPRESSENKÄSTCHEN
Трилистники		*Dreiblätter*
Трилистник огненный		Dreiblatt, feuerglühend
Аметисты	23	Amethyst
Сизый закат	25	Blaugraues Abendrot
Январская сказка	27	Jännermärchen
Трилистник ледяной		Dreiblatt des Eises
Ледяная тюрьма	29	Eisgefängnis
Снег	31	Schnee
Дочь Иаира	33	Jaïrus' Tochter
Трилистник бумажный		Dreiblatt des Papiers
Спутнице	37	Für eine Begleiterin
Неживая	39	Nicht mehr Lebendiges
Офорт	43	Kupferstich
Трилистник одиночества		Dreiblatt der Einsamkeit
Лишь тому, чей покой таим	45	Wer in der Stille einsam ist
Аромат лилеи мне тяжел	47	Der Duft der Lilie ist mir zuwider
Дальние руки	49	Die fernen Hände
Трилистник замирания		Dreiblatt des Verhallens
Я люблю	53	Ich liebe

Закатный звон в поле	55	Abendglocken verhallen feldwärts
Осень	57	Herbst
Трилистник соблазна		Dreiblatt der Verführung
Маки	59	Mohn
Маки в полдень	61	Mohn am Mittag
В марте	63	Im März
Складни		*Zweiblätter*
Складень романтический		Romantisches Diptychon
Небо звездами в тумане	65	Die Sterne am Himmel, nebelgetüncht…
Два паруса лодки одной	67	Zwei Segel eines Schiffes
Разметанные листы		*Verstreute Blätter*
Стансы ночи	69	Nächtliche Stanzen
Тоска медленных капель	71	Schwermut der langsamen Tropfen
Тринадцать строк	73	Dreizehn Zeilen
Весенний романс	75	Frühjahrsromanze
Среди миров	77	Zwischen den Welten
Миражи	79	Imaginäres
Гармония	81	Harmonie
Второй мучительный сонет	83	Zweites quälendes Sonett
Прерывистые строки	85	Redefetzen

Стихотв., не вошедшие в авторские сборники		Zu Lebzeiten unveröffentlichte Gedichte
Колокольчики	91	Glöckchen klingen
Я думал, что сердце…	97	Ich dachte, das Herz…
Аметисты	99	Amethyst
Только мыслей…	101	Allein mit Gedanken…
Осенняя эмаль	103	Herbstliche Glasur
Сверкание	105	Glitzern
Последние сирени	107	Später Flieder

Кэк-уок на цимбалах	109	Kek-uok auf der Zither
Музыка отдаленной шарманки	113	Musik einer fernen Drehorgel
Еще лилии	115	Lilien, noch einmal
Черное море	117	Schwarzes Meer
Тоска синевы	119	Schwermut der Bläue
Дымные тучи	121	Wolkenrauch
Тоска сада	123	Schwermut des Gartens
Миг	125	Flüchtiges
Майская гроза	127	Gewitter im Mai
Зимнее небо	131	Der Himmel im Winter
	133	Anmerkungen
	136	Zeittafel
	139	Ausgaben
	141	Nachwort

Internationale Lyrik in der Edition Rugerup

Les Murray (Australien)
Gedichte, groß wie Photos

Les Murray
Übersetzungen aus der Natur

Gabriel Rosenstock (Irland)
Ein Archivar großer Taten

Thomas Kunst (Deutschland)
Estemaga

Robin Fulton (Schottland)
Offenes Geheimnis

Iain Crichton Smith (Schottland)
Segel aus Salz

Beredter Norden
Schottische Lyrik seit 1900

John Montague (Irland)
Erste Landschaft, erster Tod

Håkan Sandell (Schweden)
Tagebuch, Abendwolken

Gwendolyn MacEwen (Kanada)
Die T. E. Lawrence Gedichte

besuchen Sie uns unter www.rugerup.de